KB092153

풍경으로 본
동아시아
정원의
미

풍경으로 본 동아시아 정원의 미

시적 풍경과 회화적 풍경

초판 1쇄 발행 2017년 8월 10일 ＼**초판 2쇄 발행** 2017년 11월 10일
지은이 박은영 ＼**펴낸이** 이영선 ＼**편집 이사** 강영선 김선정 ＼**주간** 김문정
편집장 임경훈 ＼**편집** 김종훈 유선 이현정 ＼**디자인** 김회량 정경아
독자본부 김일신 이호석 김연수 박정래 손미경 김동욱

펴낸곳 서해문집 ＼**출판등록** 1989년 3월 16일(제406-2005-000047호)
주소 경기도 파주시 광인사길 217(파주출판도시) ＼**전화** (031)955-7470 ＼**팩스** (031)955-7469
홈페이지 www.booksea.co.kr ＼**이메일** shmj21@hanmail.net

© 박은영, 2017
ISBN 978-89-7483-868-3 04610
ISBN 978-89-7483-667-2(세트)
값 16,000원

이 도서의 국립중앙도서관 출판시도서목록(CIP)은 e-CIP 홈페이지(http://www.nl.go.kr/ecip)에서
이용하실 수 있습니다.(CIP제어번호: CIP2017017728)

《아시아의 미Asian beauty》는 아모레퍼시픽재단의 지원으로 출간합니다.

아시아의 미
Asian beauty 6

풍경으로 본 동아시아 정원의 미

시적 풍경과
회화적
풍경

박은영
지음

서해문집

prologue

동서양을 막론하고 정원은 인류가 보편적 삶을 영위하는 공간이며, 그 형식이라고 할 수 있다. 나라마다 주거 형태가 다른만큼 정원 양식 또한 다양하다. 정원은 다만 주택에 비해 사회적 풍요가 어느 정도 성취돼야 비로소 나타난다는 차이가 있을뿐이다. 또한 정원은 사람의 뜻을 담는 그릇이다. 그 속에는 희망, 평안과 행복, 새로운 모험 그리고 판타지 등 여러 가지 생각이 담긴다. 내용을 감싸는 형식 또한 시대마다 달라서 당시의 예술적 취향에 따라 각기 달리 재현된다. 이렇게 내용과 형식이 다양하기 때문에 사람들은 각 나라의 문화 속에서 인간의희망이 어떻게 달리 표현되는지 정원을 통해 흥미 있게 관찰할수 있다.

원園이라는 개념에는 마당과 동산이라는 두 가지 뜻이 섞여있다. 마당은 동아시아 세 나라에서 공통으로 나타나는 공간이지만, 한·중·일 세 나라의 마당은 나라별로 약간씩 그 의미가 다르다. 중국에서는 삼합 혹은 쓰허위안四合院이라고 하는 건물의 배치 속에 약간의 초화, 괴석 등을 배열해 심리적 자유와 관상의 가치를 부여하는 장소로서, 이를 원정院庭이라고 한다. 한국에서는 주로 주택을 중심으로 담으로 둘러싸인, 중국의 민가 주택보다는 다소 느슨한 마당을 앞뜰(전정), 중정, 뒤뜰(후정)이라고 한다. 한국의 마당은 평시에는 비워두지만 필요에 따라 여러 가지로 사용된다. 그래서 담장이나 울타리 가까이 경계 부분에 간단히 초화를 재식하는 것이 보통이다. 일본에서 마당은 비워두지 않고 초화나 수경水景을 도입해 완전히 의도된 녹색 풍경을 만든다.

원園은 인간의 입장에서 자연을 가두어 창조한 삶의 공간이다. 그러므로 세 나라의 원은 기본적으로 자연을 인간의 관점에서 가두어 새롭게 환경을 창조한 것이다. 이 책에서 동아시아 세 나라의 원은 각기 '원림園林', '원정園亭', '정원庭園'이라고 조금씩 다르게 칭했다. 전통적으로 한국 고전에서는 중국과 비슷하게 원림이라는 용어를 사용했다. 한국고전번역원이 소장한 《한국고전총람》과 여러 문헌에서 관련 용어를 살펴보면, 옛 문사들은 임천林泉이라는 단어를 가장 많이 사용했다. 그다음이 원림이며, 구원丘園, 원정園亭의 순으로 나타난다. 특히 요즘

널리 쓰이는 정원은 거의 나타나지 않는다. 해방 이후 일본 문화의 침투와 서양 스타일의 전래로 학계에서 정원이라는 말을 쓰게 됐다고 생각한다.

한국의 큰 주택에는 담장 안에 사랑채와 별도로 정자가 있기는 하나, 일반적으로는 주거 공간으로 살림집이 모여 있고 그 꾸밈새도 미미하다. 그러나 공통적으로 언덕이나 앞산에 마을 사람들이 모두 공유하는 정자가 있는데, 이는 사회적인 공간으로 한국에서 전국적으로 나타나는 특별한 양식이다. 이 책에서 한국의 정원을 원정이라고 한 것은 주택에 부속돼 있는 가원家園과 마을의 정자를 아우르는 넓은 공간을 담는 의미이기 때문이다. 이에 대해 학계에서 본격적인 논의는 되지 않고 있다. 용어는 항상 시대 상황에 따라 변할 수밖에 없는데, 그래야 그 의미가 제대로 전달될 수 있다. 나는 세 나라의 원을 중국은 원림, 한국은 원정, 일본은 정원으로 구별하려고 한다. 공간적·문화적·국가적 환경이 다르기 때문에 이를 일일이 구별해야 할 때 의미의 혼란을 피할 수 있기 때문이다.

원림의 아름다움은 진정 어떤 것인가? 어떤 눈으로 봐야 원정의 아름다움을 인식할 수 있는가? 그러한 미적 체험은 어떤 경로로 얻어지는 것일까? 이 책에서는 이런 질문에 대한 답을 찾고자 한다. 미와 미적 체험은 본질적으로 주관성과 객관성을 동시에 갖고 있다. 그것을 바라보는 이의 개인적 시각과 경험과 지식에 의존하는, 말하자면 주관적인 의미의 대상이기도 하고, 한편으로는 여러 사람이 공통으로 느끼고 이해할 수 있는, 즉 방법과 경로가 같으면 동시에 같은 결과를 인식할 수 있는 객관적인 관념의 대상이기도 하다. 정원의 아름다움에서도 그러한 양면성이 그대로 나타난다. 이 책에서는 어떤 시각으로 정원의 아름다움을 볼 수 있는가 하는, 일반적인 눈높이에서 원정의 자연미와 미적 체험의 본질을 말하고자 한다. 그 출발은 자연을 바라보는 두 풍경에서 시작한다. 그것은 문학적 상상을 통해 형성되는 시적 풍경과 그림으로 채색되는 회화적 풍경이다.

조선시대 정조의 업무 일기라 할 수 있는《일성록日省錄》에는 이른 봄 내원內苑, 즉 지금의 창덕궁 후원인 비원秘苑에서 꽃과 낚시를 즐기는 봄맞이 연회 상화조어연賞花釣魚宴에 대해 소상하게 적혀 있다. 때는 1795년 3월 10일, 왕은 영화당暎花堂에 나아가 신하를 부른다.

올해는 천년에 한 번이나 있을 만한 경사스러운 해이니, 무릇 경사를 빛내고 기쁨을 나타내는 것에 내 마음이 어찌 끝이 있겠는가. 해마다 꽃을 감상하고 낚시를 즐기는 놀이를 할 때면 각신의 자질子姪을 불러 들어오게 하면서 단지 아들과 아우와 조카만 불렀다. 그런

8

데 올해에는 재종再從과 삼종三從까지 불렀으니 이 또한 보다 많은 사람들과 즐거움을 누리려는 뜻을 담은 것이다.

이에 영의정 홍낙성과 우의정 채제공을 위시해 남공철, 서유구, 홍길주, 정약용, 이가환, 규장각 학사 이시원에 이르기까지 당대에 내로라하는 명사가 모두 참석한다. 오후가 돼 이곳저곳에서 주연이 벌어져 왕이 친히 술과 떡을 내리면서 승지 채홍원에게 술잔 돌리는 것을 감시하라고 명하고, 취하지 않은 자가 있거든 다시 술을 따라주라고 한다. 서너 순배 술이 돌아간 뒤 왕은 일전에 지은 시 〈세심대洗心臺〉의 '대臺' 자 운韻을 써서 칠언소시七言小詩 한 수를 읊고 이만수로 하여금 쓰게 한다.

수많은 조신이 춘당대에 모여들어	蔵藻簪珮簇春臺
술기운 꽃향기 속에 비단 돛을 펼쳤네	酒氣花香錦帆開
여러 신하의 자제에게 이르노라	寄語諸臣家子弟
평생에 이 연회의 술잔을 잊을 수 있으랴	平生能忘此筵杯

이어 춘당대에 나가 과녁 아홉 개를 설치하고 활쏘기를 한다. 왕은 3순巡에 15시矢를 맞혔다. 제1순에 곰을 그린 과녁을 맞힌 것이 네 발, 물고기 과녁엔 한 발을 맞혔고, 제2순과 제3순에

는 곰 과녁을 모두 맞혀 전부 44발이었다. 당시 기록에는 모두가 얼마나 과녁을 맞혔는지 그 하나하나가 정확히 적혀 있다.

김재신은 1순에 범 과녁 한 발, 사슴 과녁에 한 발, 물고기 과녁을 맞힌 것이 한 발이다. 채희공은 1순에 사슴 과녁이 두 발이고, 채윤공은 1순을 쏘아 맞히지 못했고 채홍진도 맞히지 못했다. 이유상은 1순에 물고기 과녁을 맞힌 것이 한 발이다.

활쏘기 다음은 낚시였다. 왕이 부용정芙蓉亭으로 나간다. 소루小樓에 올라 태액지太液池를 굽어보며 낚싯대를 드리운다. 신하들도 연못가에 빙 둘러앉아 낚싯대를 드리운다. 당상관은 남쪽, 당하관은 동쪽, 선비는 북쪽에 자리를 잡는다. 이날 왕이 잡은 물고기는 네 마리였고, 신하와 유생 중엔 잡은 자도 있고 잡지 못한 자도 있다. 물고기를 한 마리 잡을 때마다 음악 한 곡을 연주한다. 그러고 나서 방생한다. 누가 몇 마리를 잡았는지 이것 역시 상세하게 적혀 있다.

마침 3월에 화성華城 유생이 응시한 시권試券이 당도한다. 왕이 부용정에서 친히 채점을 한 후 그 시권축試券軸을 대신에게 나눠주어 채점하게 한다. 날이 어슴푸레해진 뒤에 신하 및 유생과 식사를 하고 왕이 이르기를 "작년에 여기 와서 놀 때에는 밤까지 계속해서 소루에서 지은 시도 있고, 배 안에서 그리고 물가와 언덕에서도 지은 시가 있으니 오늘도 그렇게 할 것이다"

창덕궁 후원 태액지

라고 하며 흥을 돋운다.

　마침내 달이 뜨기를 기다려 태액지에 배를 띄워 신하와 함께 연못을 돌며, 때로는 작은 섬에 내리기도 한다. 배에는 밤이슬의 축축한 기운이 감돌고, 수면에 비치는 흔들리는 등불은 마치 뭇별이 반짝거리는 밤의 선계와도 같다. 느린 〈어부사漁父詞〉가 배에서 흘러나오고 생황과 피리가 노래와 어우러진다. 왕이 드디어 오언근체시五言近體詩를 짓는다. 이에 신하가 화운和韻해 시를 짓고, 배에서나 작은 섬에서나 각기 운을 집어내 시를 짓는다. 왕이 야금夜禁을 풀어 정원 잔치는 더욱더 깊은 밤을 이어간다.

머물러 제군과 술을 마시니	留與諸君飮
어느덧 달이 한 장대쯤 떠올랐네	居然月上竿
오늘 밤처럼 좋을 수 없으니	莫如今夜好
이런 태평의 기쁨을 함께 즐겨서일세	同此太平歡
꽃은 천 겹의 나무 속에 빛을 내뿜고	花畢千重樹
등불은 아홉 굽이 난간에 걸리었네	燈張九曲欄
금오는 덩달아 통금을 개방하니	金吾仍放夜
화기가 장안에 두루 퍼지누나	和氣遍長安

시는 당시 왕과 신하를 연결하는 중요한 소통 수단이었고, 선비는 일상에서 시를 통해 감성을 가다듬었다. 나아가 시를 자연이라는 외부 세계를 다양하게 인식, 표현하는 수단으로 생각했다. 지금도 창덕궁 후원, 특히 옥류천 부근의 누정에는 주련柱聯과 경물景物에 역대 왕의 어제시御製詩를 포함해서 주변의 풍경시가 많이 남아 있어, 당시 시인의 마음으로 지금의 옥류천 풍광을 조용히 바라볼 수 있다.

주련을 읽으면 시인의 눈으로 마음속의 풍경을 연상하게 된다. 시인은 바라보는 대상을 시적으로 표상하기 위해 시에서 어느 한순간 읽어낼 수 있는 분위기를 살아 움직이는 '동적' 요소로 강조해 신선한 느낌을 전달하려고 한다. 청의정淸漪亭 주련에는 이슬과 구름, 물고기와 꾀꼬리가 함께 뛰어노는 장면이 묘사돼 있는데, 그 고요한 공간이 보는 사람에게 순간 살아 움직이는 풍경으로 다가온다.

신선의 이슬은 길게 요초에 푸르게 맺혔고	僊露長凝瑤艸碧
고운 구름은 깊이 옥지를 곱게 감쌌네	彩雲深護玉芝蘚
물고기는 물결 위에 뛰어 때로 첨벙거리고	魚躍文波時撥剌
꾀꼬리는 짙은 나무에 들며 오래 서성거리네	鶯留深樹久徘徊

취한정(위)
소요정(아래)

시인은 시에서 온갖 잡새를 불러 모을 수도 있고, 봄날 꽃잎을 휘날리다가 곧바로 돌아서서 고요한 겨울밤 외로운 달빛 속으로 마음을 돌리게 할 수도 있다. 이렇듯 시인은 계절이라는 시간을 마음대로 불러온다. 그러나 화가는 화폭에 그렇게 그릴 수 없다. 화가는 대신 공간을 뛰어넘을 수 있다. 구만리 머나먼 하늘을 날아 장강長江가에 꿈속에서나 볼 수 있는 복숭아 언덕 초가를 마음대로 그릴 수 있다. 시인은 계절을 수시로 넘나들 수 있고, 화가는 장소를 자유롭게 드나든다. 시적 풍경은 시를 통해 상상력이 불러오는 새로운 풍경이다. 회화적 풍경은 그림을 통해 화가가 만들어내는 또 다른 풍경이다. 이 양자는 보는 자와 읽는 자에게 새로운 미적 대상을 접하게 한다. 원림미는 그러한 두 풍경이 끊임없이 교차하면서 그 이미지가 시시각각으로 변하는 과정 속에서 인식되는 미적 체험이다. 옥류천 누정에서 바라보는 풍경은 시인이 말하는 시적 풍경과 화가의 눈으로 바라보는 그림 같은 풍경이 동시에 두 얼굴로 겹쳐져 있다. 이 책에서는 시와 그림이라는 두 얼굴을 통해 세 나라 정원의 아름다운 풍경을 찾아가려 한다.

3. 세 나라의 원림 이야기

4. 축제와 환상정원

풍경과
원림

풍경의
두 얼굴

제주 성산의 사진 갤러리 두모악에 가면 우리가 알지 못하는 제주의 자연을 볼 수 있다. 사진작가 김영갑은 제주의 오름을 끔찍이도 아꼈다. 그의 사진에는 항상 바람이 불고 있고, 그 풍경에는 사람이 없다. 그가 보는 제주는 하늘이 절반이고 바람이 절반이다. 흔들리는 억새풀과 빛나는 유채 들판, 안개 속 해송한 그루 그리고 그만이 볼 수 있는 황홀한 석양의 모습이 제주 자연의 모두를 말해준다. 그는 우리를 제주의 새로운 풍경 속으로 인도한다. 우리는 그의 눈을 통해 제주의 바람 소리와 소금 냄새를 맡을 수 있다. 그가 그려낸 자연으로 이제 우리는 제주의 풍경을 몇 배나 더 알고 소유할 수 있게 됐다. 그는 우리를 마음의 부자로 만들었다.

　사진작가는 풍경 속에서 아름답고 가슴에 와 닿는 장면을 예리하게 찾아낸다. 보통 사람은 그냥 지나치는 장면을 잘 잡아

김영갑, 1990년대 후반, 김영갑갤러리두모악 미술관 소장

내 이를 강렬하게 표현한다. 이러한 이미지는 보는 사람에게 깊이 각인돼 훗날 그곳에 대한 기억을 새롭게 한다. 풍경에 대한 이미지나 인상은 항상 변화한다. 보통의 경우, 일반인은 풍경의 아름다운 장면을 접하기 전에 사진이나 영화, 그림이나 시를 통해 이미 그곳에 대한 이미지를 갖게 된다. 그러나 막상 그곳에 가면, 그러한 이미지는 그곳에서의 체험을 통해 새로운 이미지로 바뀌게 된다. 그 과정에서 풍경에 대한 인상이나 기억, 나아가 미적 체험에 대한 느낌도 서서히 변한다. 풍경 사진을 조용히 바라볼 때면, 우리는 마치 연주자가 매번 하던 음악을 전과 달리 연주하는 것 같은 새로운 감동을 받는다.

김영갑의 풍경 사진에는 바람 소리가 억새 들판과 흔들리는 나뭇가지 사이에서 들린다. 그의 사진 중에는 추상적인 구도에 환상적인 색채로, 그야말로 한 폭의 그림 같은 사진도 있다. 이때 사진은 그대로 그림이다. 사진을 바라보면 우리는 사진틀을 잠시 잊어버린 채 틀 속의 풍경에 몰입하게 된다. 사진 속의 풍경은 작가의 눈과 마음으로 풍경을 재구성한 것이다. 이때 우리는 풍경을 그림으로 바라보면서 동시에 사진이 표현하는 시적 서정성을 동시에 느끼게 된다. 현실의 자연을 재현했기에 보는 사람은 실제 자연에 대한 의미나 느낌에 사진작가가 다시 그린 새로운 자연의 이미지를 추가해 그 개념의 폭을 넓혀 간다.

다시 말하자면, 풍경에 대한 인식의 층위가 늘어난다는 것이다. 그리하여 우리가 바라보는 사진 속의 풍경은 실제 풍경과 대등하게 그 느낌과 풍경에 대한 생각이 마음 속 다른 곳의 기억 속으로 자리 잡는다.

예술 작품을 통해 평범한 장소가 독특한 의미가 있는 풍경으로 그 이미지가 바뀌는 경우는 허다하다. 소설 속의 현장이 색다른 의미를 갖는 장소로 변신하는 것이나, 사진 속에서 또 다른 풍경으로 채색되는 것이 그 예다. 장소나 공간이 풍경으로 바뀌는 과정에는 제목이나 표제 같은 언어가 개입한다. 그러나 풍경에 대한 감동은 장소나 이미지에 한정되지 않을 뿐만 아니라, 반드시 자연에만 의지하는 것도 아니다. 풍경은 공간적 크기, 객관적 의미 대상, 기하학적 형상, 지리적 분포 같은 비교적 사회적이고 공공적이며, 과학적인 관심의 대상과는 다른 것이다. 이것들은 오히려 경관景觀이라고 말한다. 현대 사회는 원림園林이라는 공간보다는 공원 같은 공공의 장소나 대중적 합의를 추구하는 이른바 경관의 '공공성'에 더 관심을 갖게 됐다. 풍경과 경관의 개념은 바로 이러한 기본적 관점의 차이에서 출발한다.

경관을 이해하는 것은 곧 객관성을 추구하는 것이며, 과학적으로 사물을 바라보려는 태도다. 따라서 조건이 같다면, 그 대상은 누구에게나 같은 이미지가 형성된다는 전제가 깔려 있다. 반면 풍경은 상대적으로 감성적이며, 정감情感에 의존하고, 따라서 주관적으로 그려지는 하나의 심상이라는 뜻이 함축돼 있다.[1] 그리고 풍경은 감성적 요소를 단순히 수용한 결과만이 아니라, 이를 편집해 또 다른 의미를 가진 새로운 형상으로 포착하는 것을 의미한다.

시적 풍경은 시인에 의해 묘사된 장소의 그림이라는 의미뿐만 아니라, 시인의 감수성과 연관된 어떤 상상의 서정적 이미지를 뜻한다. 시적 풍경은 마음의 그림이다. 시인의 눈을 따라 펼쳐진 풍경 속에서 우리는 상상의 나래를 펼친다. 비록 현실에서 실제의 대상을 말하더라도 시에서는 이를 전혀 다른 풍경, 또 다른 이야기로 상상하게 한다. 풍경의 체험으로 우리를 다른 길로 가게 하고, 다시 새로워진 나와 새로운 세계를 발견하게 한다. 시에서 들려주는 풍경은 눈으로 볼 수 없다. 마음으로 바라보고 읽어가는 그림이다. 시적 풍경은 시인의 거울에 비친 자신의 모습이다.

시에서는 기억을 어떻게 풍경 속으로 불러오느냐에 따라 시적 풍경의 심상이 그려진다. 이러한 심상은 곧 읽는 사람의 상상에 의해 새로운 형상으로 재창조된다. 이에 비해 그림은 일단 시각적 자극과 기억을 통해 연상되는 '그 무엇'으로 회화적 풍경이 만들어진다. 서양의 그림이 원근법에서 해방된 이후 추상의 길로 들어서면서, 회화적 풍경은 보는 사람의 연상에 전적으로 의존하게 됐다. 시적 풍경은 상상에 의해서, 회화적 풍경은 연상에 의해서 생명을 갖게 된다. 그 방향은 바로 두 풍경의 연출 방식에서 찾을 수 있다.

매년 이른 봄이면 순천 선암사로 만개한 능수벚꽃을 보러 많은 사람이 모여든다. 일반인은 휴대전화 카메라로 대충 벚나무를 배경으로 해서 친구와 함께 기념사진을 찍고 돌아서지만, 사진작가는 연못 속을 들여다보며 한참 동안 끈기 있게 이미지를 찾는다. 연못에 물결을 일으키기도 하고, 꽃잎을 흐트러뜨려 원하는 이미지를 만들기도 한다. 사람들은 작가의 사진을 보며 시적 풍경을 느끼고 시흥을 공유한다. 동시에 물결 위에 흔들리는 꽃잎과 나무 그림자를 보면서 잠깐 동안 여러 가지 생각 속에 빠진다. 사람들은 이곳에서 새로운 시적 감흥과 풍경을 마음속에 담는다.

다음의 사진에는 사진틀이 두 개나 있다. 실제 연못가와 그림자 틀이다. 이 두 사진틀로 보는 이는 연못 속의 그림을 바라보면서 또 한편으로는 그림자 틀 속에 그려진 꽃잎과 석산, 흔들리는 물결을 시적 풍경으로 읽는다. 현실에서 두 가지 풍경을 동시에 느낄 수 있도록 하는 것이 바로 연못 틀이다. 실제 자연

시적 풍경과 회화적 풍경이 하나의 장면에 섞여 있다.
연못, 빗꽃 잎 그리고 능수벚나무 그림자, 선암사, 2014

을 추상적으로 인식하게 하는 연못의 틀은 한국 원정의 대표적인 공간 형식이다. 한국 원정에서 연못에는 시적 풍경과 회화적 풍경이 공존한다. 이제 집으로 돌아가는 그들의 마음속엔 어떤 기억과 추억이 새로 만들어졌을까? 그것은 오직 자신만의 것일까? 아니면 우리가 공통적으로 느끼는 풍경의 두 얼굴일까?

　사진이 출현하기 이전까지는 그림이 자연미 재현에 가장 크게 영향을 주는 예술 장르이자 시각적 매체였다. 그림과 시는 원림의 역사에서 떼려야 뗄 수 없는 영향을 서로 주고받았다. 인간이 외부 세계를 이해하고 그 의미를 예술적으로 표상하는 수단으로 언어와 그림이 주가 됐기에, 원림에 대한 미적 체험은 자연히 문학과 회화를 통해 그 감동이 가장 직접적으로 전달된다. 시와 그림은 원림을 만드는 과정에서 중요한 개념적 골격을 제공하고, 완성된 후에는 원림의 자연미를 완상玩賞할 수 있게 하며, 완상한 원림 곳곳을 다시 시와 그림의 소재로 삼는 것이 바로 원림의 역사였다. 그러므로 원림의 자연미는 시적, 회화적 시각에서 해석되고 다시 재구성된다 해도 지나친 말이 아닐 것이다.

　영국 글로스터셔에 있는 유명한 '히드콧 매너 가든Hidcote Manor Gardens'에 갔을 때의 기억을 살려보면 이렇다. 나는 이곳저곳 아름다운 화단과 야생화를 돌아보며 독특한 이국적 정취를 감상하고 있었다. 그러던 중에 200미터가 넘는 긴 잔디 회랑을 걸어 낮은 언덕 끝에 이르렀다. 순간 광활한 영국 시골의 전원 풍경이 한눈에 들어왔다. 이때 평온한 목가적 풍경에서 갑자기 폭풍이 몰아치는 언덕을 상상하게 됐다. 소설 《폭풍의 언덕》이 바로 그 안에 있었던 것이다! 조금 전까지 평온하고 그림 같은 정원의 풍경 속에서 거닐고 있다가 예상하지 못한 순간 바로 그 격한 폭풍을 만나게 된 것이다. 그 풍경에서 위더링 하이츠 Wuthering Heights 언덕 사진이 겹쳐졌다. 걸음을 되돌릴 때, 귓속에는 격정을 마음속에 감춘 애잔한 켈틱 우먼의 플루트 소리가 계속 맴돌고 있었다. 주인공의 얼굴, 히커리나무 가지가 바람에 사납게 흔들리는 소리 그리고 "영원히 곁에 같이 있으리라" 하는 히스클리프의 독백 등등 시적 풍경과 회화적 풍경이 이곳에서 함께 서정적으로 뒤섞이는 순간을 나는 지금도 생생하게 기억하고 있다.

원정에서 시적 감흥을 체험하기란 쉽지 않다. 실제로 시적 풍경을 체험하는 일은 구체적인 시를 매개로 일어나기에 원림 현장에서 시를 접할 수 있는 기회가 제공돼야 한다는 뜻이다. 동양 삼국의 과거 고전 원림에서는 시가 많고 서정적 풍경을 연출한 예가 보편적이었다. 현대에 올수록 정원에서 시가 사라지고 있다. 시적 풍경이 좀처럼 생성되지 않는다. 한국 원정에서 자연미를 시와 시적 풍경으로 체험하려면 한시가 아닌 우리의 현대시에 의해 풍경이 새롭게 연출될 필요가 있다. 원림에서 제명이나 시제의 본질이 한글화로 그 의미가 전달될 때 시와 시적 풍경은 진정 한국인의 마음속으로 깊이 들어올 수 있다. 그러한 시도가 조금씩 나타나고 있다.

여름에 흰 연꽃을 보러 김제 청운사靑雲寺에 간 적이 있다. 우연히 대웅전에 한글로 쓴 주련을 보게 됐다. 비록 불교의 교리를 말하는 내용이지만, 그 의미 전달도 명쾌했고 표현도 부드러웠다. 느낌도 매우 서정적이었다고 기억한다. 한글로 쓰여 있었기에 내용이 쉽게 마음에 와 닿을 수 있었다. 내용은 대략 이러하다.

생각 생각 끊임없이 간절하게 이어지고
가슴에는 꽃이 피고 인체 병고 사라진다
염불하고 참선하면 몸과 마음 정화되고
모든 번뇌 소멸되고 큰 깨달음 얻어진다

동아시아 세 나라의 원문화는 한자문화라는 공통적인 전통에 기반을 두고 발전해왔다. 한시나 원림에서 주련은 중국인에게는 즉시 감동을 받을 수 있는 글이다. 그러나 한자가 한국인과 일본인에게는 자국의 말이 아니기에 그 느낌의 정도가 아무

청운사, 2012

래도 다르다. 한국에서는 요즈음 한자문화가 서서히 사라지고 있다. 과거의 한시는 해설을 동반하지 않으면 젊은 층에게는 이해하기 어려운 생소한 언어로 쓰인 시가 됐다. 이들에게 시가 가진 본래의 정서나 시정은 이제는 한자로는 그 느낌이 전달되지 않는다.

중국에서 서예는 시와 그림만큼 역사가 길다. 서체의 독특한 형식미 때문에 서예는 그 자체로도 미적 체험이 가능한 분야다. 서예에서 서체는 예술 양식 중의 하나이고, 서예의 높은 예술성은 역시 쓰는 사람의 오랜 연마 과정을 통해 얻어지는 표현에 있다. 서예에서 예술성을 감상하려면 먼저 글쓰기에 익숙해야 한다. 그러나 보통 사람도 한자가 갖는 도형으로서의 탁월한 조형미는 느낄 수 있다. 한시를 매개로 하는 시적 풍경은 물론 시의 내용과 직접 관련되지만, 한편으로 서예의 관점에서도 시적 풍경에 대한 미적 체험이 전달될 수 있다. 이런 맥락에서 본다면, 과거 서예의 전통을 그대로 이어오고 있는 현대 중국 원림에서 서예에 대한 새로운 시도와 실험을 해볼 필요가 있다고 생각된다. 문자의 시각적 조형성에 대한 관심과 실험은 동아시아 세 나라에서 중요하게 생각해야 할 공통된 미개척 분야다.

하이쿠俳句는 일본의 대중 시로 많은 사랑을 받고 있는 문학 장르다. 짧기 때문에 생략되고 애매한 점이 많다. 그렇기 때문에 오히려 시적 상상을 쉽게 불러올 수 있다. 하이쿠는 5·7·5음절로서 전부 17자를 넘지 않는다. 비록 단구單句지만, 그 속에 깊은 내용과 상상의 이미지를 담고 있어 읽는 사람의 감정이나 시간과 장소에 따라 감상이 변하고 해석이 달라진다. 하이쿠에는 계절을 말하는 계어季語가 있고 시작에서 특정한 계절을 환기하면서 시에서 형성된 미의식을 함축적으로 표현한다. 또 시가 짧은 만큼 쉽게 빨리 읽어 내려가지 않게 호흡을 멈추게 하는 '기레지切字'가 반드시 있다. 그래야 몇 자 되지 않는 짧은 시에서 무한한 감동과 상상을 불러일으킬 수 있다. 예컨대 '이여', '로구나' 같은 것이다. 하이쿠는 짧은 시이기 때문에 표현하고자 하는 내용을 산문처럼 길게 구체적으로 묘사할 수 없다. 그러나 한편으로 시어로 표현하지 못한 여백을 작가나 감상자가 자기 나름대로 채울 수 있다는 점이 매력이다. 하이쿠는 함축적인 표현을 통해 자신의 감정을 드러내는 것으로, 일본인에게는 생활의 중요한 한 부분이다.

하이쿠의 시적 상상은 다색 목판화로 불리는 우키요에浮世繪와 결합해 하나의 완전한 시적 풍경으로 탄생한다. 우키요에는 에도 시대에 대단히 유행했고, 내용은 주로 당시의 풍속과 생활상을 다루었다. 가부키 극장의 간판에도 등장한다. 하이쿠 동호회, 즉 하이진俳人은 선물용 달력을 제작할 때 이 채색 우키요에를 사용하기 시작했다. 우키요에 화가는 보통 사람의 일상생활에 관심이 있었기 때문에 사람의 마음을 읽을 수 있는 내용을 많이 그렸다. 하이쿠의 자연에 대한 추상적이고 명상적인 상상과 인간의 마음을 세속적인 시각에서 그린 우키요에는 시적 풍경과 회화적 풍경이 그대로 나타나는 예술이다. 하이쿠는 우키요에와 함께 결합해 일본인의 심상을 표현하는 대표적 예술 형태로 자리 잡게 된다.[2]

자연과 인간에 대한 시적 감성을 짧지만 많은 뜻을 함축한 하이쿠와 대상을 개념적으로 간단명료하게 그리는 채색 판화 우키요에는 정원 예술의 새로운 재현에 많은 시사점을 던져준다. 일본의 문화 자산인 하이쿠와 우키요에가 정원에서 재현되지 못하는 상황은 불가사의하다. 일본 정원의 기본 사고는 '전재前栽'에서 시작해 아직도 한 방향으로 바라보는 평면적인 화면 구성에 머물고 있다. 원경을 빌려오는 차경이 아닌, 입체적인 공간 인식을 강조하는 조형성의 발견이 일본 정원 예술에서 실험해야 할 부분이 아닌가 한다. 하이쿠의 서정성을 회화적 풍경으로 풀어낼 때 진정한 일본 정원이 재현될 수 있을 것이다.

원림에서 바라보는 풍경은 처음에는 무표정하게 의미 없이 버려져 있는 경우가 허다하다. 그러나 어떤 순간 특별히 감동을 주는 글귀를 읽게 되면, 그때 바라보는 풍경은 시적 상상에 힘입어 또 다른 한 폭의 회화적 풍경으로 다가온다. 그래서 보는 이에게 색다른 의미를 주게 된다. 시적 풍경과 회화적 풍경을 통해 원림의 아름다움이 각자의 마음속에 달리 채색되는 것이다. 원림에서 자연미를 이해하는 경로나 아름다움을 창조하는 과정에서 두 풍경은 서로 깊이 작용한다. 사진은 한 장면으로 시적인 풍경과 회화적 풍경이라는 두 얼굴을 동시에 표현한다. 이와 달리 원림에서는 두 풍경이 대부분 각각 다른 장소와 시간에서 체험되는 것이 보통이다. 가끔은 두 풍경이 동시에 연출되기도 하지만, 감상자는 대개 시적 풍경과 회화적 풍경을 동시에 체험하기보다 두루마리 그림을 보듯이 정원의 여기저기서 느껴지는 아름다움을 연결해 체험하게 된다. 시를 읽으면 독자는 자기 나름대로 머릿속에서 풍경을 그린다. 그리고 그 느낌에서 독특한 서정성을 얻게 된다. 풍경화를 바라볼 때는 어느덧 그림 속으로 들어가 이곳저곳을 돌아다닌다. 그런 다음 감상자의 마음속에 다시 형성된 새로운 이미지나 상상의 세계가 그려진다. 이렇게 풍경의 내용과 느낌은 단 한 번에 나타나지 않고, 여러 장면에서 끊임없이 서로 번갈아 나타난다. 그래서 나중에 하나의 총체적인 이미지로, 또 다른 풍경으로 기억된다. 그 재현 과정을 조용히 음미할 때, 원정의 또 다른 아름다움을 체험할 수 있다.

회화적
풍경

아름다운 경치를 보면 사람들은 '그림 같은 풍경'이라고 말하곤 한다. 바라보는 풍경이 마치 한 폭의 그림과 같다는 말이다. 여기서 말하는 그림은 물론 풍경화를 의미하는 것이다. 화가의 눈과 마음으로 자연의 아름다움을 발견하고, 이를 자신만의 독특한 방식으로 표현하는 것이다. 풍경화는 그러나 눈에 보이는 아름다운 자연 그대로의 풍경만을 그린 그림이 아니다. 화가가 현실 세계에 대해 인식하는 자연이 그림에서 나타난다. 그림 속에서 읽는 풍경이 곧 회화적 풍경이다.

화가는 자신이 느끼고 선택한 자연을 산수화로 그린다. 좁은 화폭에 광대한 자연을 압축해 전체를 담는다. 높은 산과 깊은 계곡을 동시에 재현하지만, 겨울과 여름을 동시에 그리지는 않는다. 그림은 시간적인 제약이 전제되고, 시는 공간적인 한계가 전제되기 때문이다. 한 폭의 그림 속에는 자세히 보면 여러 장면이 결합돼 있다. 각각의 장면은 그 자체로 우리 기억의 한 단편이다. 화가는 교묘한 방법으로 이것들을 마치 하나의 이미지처럼 전달한다. 추상화의 경우 그러한 단편적 이미지가 서로 관계없는 것처럼 결합돼 있다. 감상자는 그런 부분을 자세히 보면서 전체적인 이미지를 찾고, 이해하고, 나아가 자기 나름대로 마음속에 상상의 세계를 구축해 나간다. 연극이나 영화는 그림과 달리, 여러 장면이 계속 이어져 총체적인 또 다른 풍경을 만들어간다.

화가가 그린 그림은 실제보다 그 이미지가 선명하다. 마음의 여과 과정을 거쳤기 때문이다. 마음에서 채색했기 때문에 현실보다 더 아름답게 보인다. 자연에 관한 한, 화가는 대체로 이러한 경향이 있다. 화가는 비범한 색상으로 보는 이에게 현실과 다른 상상을 유도한다. 화가가 선택한 대상을 실제와 다른 시각으로 재구성하면, 보는 이는 사물의 관계를 보이는 대로 다른 시각에서 바라보게 된다. 바로 이 과정에서 머릿속에 회화적 풍경이 생성되고, 보는 이에게는 기존의 세상과 다른 각자의 독자적인 풍경이 구축된다. 회화적 풍경은 이렇게 그림을 보는, 체험하는 과정에서 발생한다. 회화적 풍경은 그림을 통해 형성된 마음의 풍경화다.

화가는 자신이 그리고자 하는 풍경을 형상을 통해 보여준다.

그런데 그 형상은 사실상 찰나의 순간에 움직임이 정지된 상태의 것이며, 형상을 이루는 요소들은 평면 공간상에서 동시에 나타난다.

서양화에서 회화적 풍경은 주로 형태의 해체 과정에서 창출된다. 현대로 올수록 그림이 추상의 경향을 띠는 것은 미술의 자연적인 추세다. 현실을 마음으로 보면서 보는 이에게 그 마음이 그대로 보이도록 그리기 때문이다. 이는 곧 마음에서 형성된 추상적 형상을 통해 현실의 참 모습을 보이고자 하는 것이다. 서양화에서 회화적 풍경은 해체된 자연의 형태와 과감한 생략을 통해 또 다른 풍경으로 유도한다. 회화적 풍경은 화가의 눈과 보는 이의 마음 사이에 만들어지는 또 다른 풍경이다.

르네상스부터 19세기까지 서양의 미술은 누구의 눈으로 보아도 무엇을 그렸는지 한눈에 알 수 있는 사실 그대로를 화폭에 담는 것에 주력했다. 그러나 19세기 말 인상주의 화가가 등장해 자신의 눈에만 보이는 주관적인 빛과 색상을 그렸다. 20세기에 들어서면서 화가는 눈에 보이는 것이 아니라, 자신의 심리나 정신세계를 간결한 선과 형태로 상징적으로 표현하려는 추상화에 몰입하기 시작한다. 이러한 경향은 그들이 구체적으로 자연을 바라보는 태도에 영향을 미치게 된다.

화가가 바라보는 자연은 사진처럼 형상을 묘사하는 것이 아

화가의 눈과 사진은 대상을 각기 다른 방식으로 인식한다.
위의 그림에서 수련은 모네 자신이 마음으로 읽은 수련이다.
화가는 공간 요소를 풍부하게 압축해 표현한다.

니라, 그것을 바라보는 사람의 생각과 인식에 자연스럽게 부합하는 형상을 그려낸다. 이러한 경향은 특히 인상파 화가의 그림에서 분명히 나타난다. 클로드 모네는 정원을 대상으로 인상파 화풍을 추구한 작가로 유명하다. 그는 파리 근교의 지베르니에 정착해 직접 정원을 만들어 그곳의 아름다운 풍경을 그렸다. 그 가운데 〈수련〉 연작은 사실보다 형태에서 받는 강한 인상을 강조하는 그림으로 유명하다. 그가 정원을 대상으로 그린 그림은 화가의 눈으로 보는 회화적 풍경과 보통 사람이 바라보는 정원의 풍경이 어떻게 다른지를 단적으로 보여주는 예다. 모네가 그린 정원의 장면을 실제 정원에서 아무리 찾아보아도 그 대상을 정확히 찾기는 힘들다. 연못의 수련도 마찬가지다. 그림에서 화가는 실제 장면을 기억이라는 필터를 통해 다시 그렸기 때문이다. 실체는 사라지고 '수련에 대한 생각'이 이를 대신한 것이다. 이렇게 그림이 창조한 풍경을 회화적 풍경이라고 한다. 그림과 회화적 풍경의 관계는 시와 시적 풍경의 관계와 같다. 시를 통해 시적 풍경이 발생하듯이, 그림은 캔버스를 통해 회화적 풍경을 만든다. 모네의 〈수련〉 연작을 보는 사람은 그림을 통해 수련이라는 자연을 실제와 다른 시각에서 바라보게 된다. 그리고 실제 연못에 떠 있는 수련을 다시 바라볼 때, 그림에서 받은 이미지와 실제 수련이 합성된다. 회화적 풍경이 중첩돼 이미지가 풍부해지는 것이다.

동양의 산수화에서는 근경의 집이나 바위는 입체적으로 그리고, 원경의 나무나 산은 하늘을 배경으로 평평하게 투사한다. 전·후경 가운데 중간 지대는 애매하게 처리한다. 안개와 같은 것으로 덮는 것이다. 중간 지대로 인해 동양 산수화에는 한 화폭에 거대한 바위와 산하, 안개 낀 도원桃園 그리고 은자가 생활하는 유거幽居 등이 공존하며, 중요한 위치를 차지한다. 특히 동양화에서 우세한 것은 먼 것을 보는 시각이다. 큰 스케일의 산수를 그리는 것이 중요한 동양화에서 원경이 중요한 것은 당연하다. 동양 산수화는 실제로는 그렇게 볼 수 없는 불가능한 구도지만, 공간을 마음대로 줄이고 확대할 수 있다. 동·서양화에서 공간 구도의 차이는 사물을 보는 눈의 위치를 어디에 두느냐에 따른 것이다. 즉 서양화에서는 하나의 시점에서 사물을 보는 양방향의 가시적 공간을 구성한다. 이에 비해 동양화에서는 다원적 시점으로 사물을 보기도 하고, 또 이동 시점으로 그리기도 한다. 이럴 때 움직이는 시점이란 그림 밖에서가 아니라, 그림 안에서 움직이는 시점이다.[3]

두루마리로 된 동양 산수화에서는 그림이 펼쳐지면서 각 장면이 서서히 드러났다가 사라진다. 장면이 바뀌는 대목에서 보는 이의 머릿속에 또 다른 상상이 일어난다. 이 순간에 회화적

정선, 〈단발령斷髮嶺에서 본 금강산〉,
《신묘년풍악도첩辛卯年楓嶽圖帖》, 1712,
국립중앙박물관 소장

풍경이 생성된다. 그림을 볼 때 보는 이의 상념 속에 만들어지는 이미지는 처음의 그림과는 다른 이미지다. 회화적 풍경이 형성되는 또 다른 방식으로 '그림 속의 그림' 효과가 있다. 예를 들면 집 안을 그린 그림 속에 병풍이 그려진 방이 보이고 방 안의 병풍 속에 다시 병풍이 있는 방이 그려져 있는 경우다. 보는 이는 순간 방 안의 병풍을 진짜 그림 속의 병풍으로 보고, 이미 먼저 보았던 방 안의 병풍 그림은 실제의 방으로 인식하게 된다. 일종의 '환幻, illusion'이 발생하는 것이다. 그림 속의 그림을 바라보면 보는 이는 먼저 본 그림을 현실로 착각하고 오직 그림 속의 그림만을 그림으로 인식한다. 이러한 환의 과정에서 보는 이의 마음속에 회화적 풍경이 생성되는 것이다.

작은 공간에 광대한 자연을 끌어들이려는 중국의 원림에는 마치 두루마리 산수화를 보듯이 원림의 풍경을 감상하게 하는 기법을 흔히 사용한다. 풍경의 대목마다 산수화의 정경이 의도적으로 표현돼 있다. 방문자는 원로園路를 따라 풍경을 이곳저곳에서 감상한다. 영화 장면처럼 화면이 겹친다. 이런 과정에서 회화적 풍경이 특징적으로 각인된다. 각 장면에는 정도의 차이는 있지만 시각적 '환'이 교묘히 설정돼 있다. 대표적 예로 분경盆景이 있다. 작은 화분에 오랜 세월을 압축한 나무의 자태를 바라보는 과정에는 이미 '환'이 개입돼 있다.

그림과 원림은 풍경의 재현이라는 관점에서 보면 서로 다른 길을 택한다. 화가는 한 폭의 그림으로 거기에 작가의 정신세계나 사물의 이미지를 통합해 의미 있게 보여주려 한다. 반면 조원가造園家는 보는 이가 원림의 체험 과정에서 여러 장면을 겹쳐서 인식하도록 한다. 방법이 다른 것이다. 원림에서 회화적 풍경을 연출할 때는 시적 감성과 느낌이 일어나게 해야 두 풍경이 미적 체험으로서 의미를 갖게 된다. 실제 원림을 거닐면서 이곳저곳에 전개되는 단편적인 아름다운 장면이 어떤 계기로 시적 서정성을 동반하게 되면 비로소 그 장면들이 통합된 회화적 풍경으로 인식된다.

에스파냐 산티아고 순례길이나 제주 올레길을 체험하는 과정은 출발과 도착 사이에 수많은 시각적 인식의 층을 경험한다는 의미에서, 원림에서 풍경을 체험하는 것과 유사한 점이 많다. 순례 길을 걸으면서 찍은 인상 깊은 풍경 사진이 바로 여행자의 마음속에 담긴 회화적 풍경이다. 이것들이 중첩되면, 또 다른 풍경이 만들어진다. 그래서 뭉뚱그려진 그림이 기억 속에 각인된다. 비록 순례 길에서처럼 육체적으로 고통스럽지는 않지만, 원림에서 공간 체험을 할 때는 원로 상에 나타나는 여러 장면이 쌓여서 그 이미지가 복합적으로 형성된다. 입구에서부터 출구로 나올 때까지 방문자는 여러 시각적 층위를 접하게 되고, 그리하여 전체 풍경을 그릴 수 있다.

18세기의 문인 유만주兪晚柱는 상상 속 원림(인지동천)에 대한 구상을 《인지동천기仁智洞天記》에 적었다. 그는 인지동천을 찾아가는 의식의 흐름을 가상 풍경으로 중첩해 독자의 상상을 유도한다.

동대문 큰 문을 벗어나 두 번째 돌다리를 채 건너기 전에 북쪽으로 꺾으면 영동별서潁東別墅로 들어간다. 큰 버드나무가 수십 그루에서 백여 그루 나타나서 먼지로 뒤덮인 속세를 차단하고 있다. 버드나무를 경계로 삼아, 지나가는 사람들로 하여금 신비한 세계의 근원이 어느 곳에 숨어 있는지 찾아내지 못하게 한다. 울타리가 끝나는 곳 오른편으로 일망무제의 넓은 춘몽지春夢池가 펼쳐진다. 부들과 갈대, 마름과 가시연이 자라서 강호江湖의 분위기가 물씬 풍긴다. 제방위 평탄한 길 양편에 수양버들이 늘어져 길을 덮었다. 이것이 대제지大堤池다. 연못 가운데 돌을 쌓아 작은 섬 하나를 만들고 뇌공서嶺空嶼라 이름 한다. 화초와 나무가 울창하게 자라는 곳에 작은 정자가 숨어 있다. 완재정宛在亭에 작은 배를 대어놓고 오간다. 구경하는 이가 다시 큰 제방으로 나오면, 그제야 마을 전체를 파악할 수 있다. 산이 삼면을 두르고, 수많은 소나무가 빽빽하게 서 있다. 봉우리와 골짜기가 깨끗해 기상이 청명하다. 동쪽에는 동고봉東顧峯과 동망봉東望峰이 있고, 서쪽에는 서고봉西顧峯이 있으며, 북쪽에는 만송령萬松嶺이 있다. 이 봉우리는 북고봉北顧峯이라 불리기도 한다. 동고봉 아래에는 복숭아나무 천 그루를 심어서 붉은 꽃, 푸른 잎이 무성하고, 갖가지 특이한 품종이 모두 있다. 이 동산의 이름이 하원荷園이다. 그 안에는 무릉정武陵亭이 있어서 아래를 내려다볼 수 있다. 바위 위에 하, 원 두 자가 큰 글씨로 새겨져 있다. 동산 오른편에는 계곡이 있어 흠지벽欽止壁이라 한다. 미원장米元章의 벽과체擘窠體로 이름을 크게 새겼다.

이 글에서는 경물景物에 이름을 부여하는 방식으로 회화적 풍경의 층위를 만들고 있다. 독자는 글 속에서 여러 풍경을 만난다. 영동별서, 춘몽지, 완재정 같은 명명에 의한 경물의 이미지가 처음 형성된다. 그다음은 주위 경치를 묘사해 경물을 풍경 속으로 확대시킨다. 다음 단계는 그러한 풍경을 찾아가는 과정을 심상心象으로 설정한다. 실제 행로와 같이 느끼도록 의식의 흐름을 동기화同期化한다. 즉 화면과 의식의 흐름을 일치시킨다. 이렇게 해서 개별 경물의 이미지 층위, 주위와 어우러지는 풍광의 층위 그리고 그러한 풍경이 여로旅路에 따라 만들어지는 새로운 심상 층위가 생성된다.《인지동천기》에 설정된 층위는 문자에 의한 심상 층위다. 그러한 심상은 개인에 따라 구축

돼가는 복합적인 이미지 층위, 즉 독자의 상상에 의해 만들어지는 이미지다. 그 이미지는 회화적 풍경으로 변환되지 않으면 원림의 아름다운 자연미를 재현할 수 없다. 원림에서는 회화적 풍경이 자연미를 체험하는 데 결정적인 역할을 한다. 시각적 층위 단독으로는 크게 의미가 없다. 이것들이 어떻게 배열되느냐에 따라 체험의 질이 결정된다.

장보고의 일대기를 그린 TV 드라마 〈해신〉의 주인공이 함께 서 있는 간판이 있다. 그 사이에 얼굴을 내밀고 나도 사진을 찍는다. 사진 속의 나는 중국 신라방新羅坊에 있다. 사진을 찍는 사람은 배경을 사진에 넣으려고 촬영 구도를 잡는다. 이렇게 해서 배우를 만나고 중국 신라방을 갔다 온다. 이 모습을 바라보는 사람은 배경의 신라방 거리와 두 개의 하늘을 동시에 바라본다. 겹겹이 중첩된 배경을 바라보면서 잠깐 동안 현실과 가상현실을 넘나든다. 이 장면에서 시각적 층위는 여러 가지다. 먼 하늘, 신라방 뒷산, 〈해신〉 간판, 영화배우, 사진의 주인공, 사진을 찍는 사람, 마지막으로 이 모든 장면을 읽는 관찰자라는 최소한 일곱 개의 층위가 겹쳐져 있다. 마지막 관찰자의 입장은 여러 개의 층위가 만들어낸 별도의 인식 층위다. 공간을 인식하는 과정에서 시각적 층위는 인식의 켜 층위를 형성하는 매우 중요한 역할을 한다.

신라방에서 설정된 층위는 한자리에서 여러 틀이 겹치는 경

전라남도 완도군 〈해신〉 세트 신라방, 2005

우다. 그러나 실제 정원에서는 이리저리 걸어 다니면서 이를 인식하는 경우가 많다. 그런데 중첩되는 장면이 일정한 순서에 따라 정리되는 것은 아니다. 오히려 무질서하게 머릿속에 기억으로 남는다. 가상현실로 인식되는 틀도 기억 속에서는 현실의 틀과 구분되지 않는다. 그래서 가상현실이 사물의 전모를 인식하는 과정에 또 다른 역할을 하게 된다. 현대 정원에서는 가상현실을 도입해 자연의 의미를 다시 해석하는 예가 자주 나타난다. 정원에서는 영화와 달리 주인공이 불명확한 것이 특징이다. 말하자면, 보는 이 자신이 영화의 주인공인 셈이다. 주인공의 눈

각기 다른 설명 방식으로 식물원의 사계를 보여주는 시각적 층위 사례.
경기도 포천시 평강식물원, 2010

으로 원림의 회화적 풍경을 인식하는 것, 바로 이것이 원림의 자연미를 감상하는 과정이다.

정원과 식물원은 자연의 변화와 아름다움을 보여주는 대표적인 장소다. 특히 전시실에 가면 통상 그곳에서 느낄 수 있는 사계절의 모습을 한 번에 볼 수 있다. 시간과 공간을 뛰어넘어 단번에 보는 이에게 다양한 시각적 만족감을 제공한다. 여기서 그 내용을 어떻게 설명하느냐 하는 방식이 정원에서 시각적 층위를 어떻게 설정할 것인가 하는 문제와 직접 관련된다.

위의 사진에서는 정원의 사계가 한눈에 들어온다. 꽃도 피어 있고 눈도 내린다. 이때 보는 이는 '이런 곳도 있었구나, 저런 꽃도 피고 있구나' 하고 새삼 신기해한다. 아래의 사진은 포천에서 백두산을 등산하는 격이다. 그 아래에는 백두산에서 볼 수 없는 꽃이 분경에서 피고 있다. 보는 이는 한 곳에서 두 풍경을 동시에 체험한다. 그림을 바꿔 달면 지구 어디라도 갈 수 있다. 아니, 화성의 붉은 황야를 거닐 수도 있다.

위쪽 사진의 설명 방식을 한 상 차린 한식에 비유한다면, 아래쪽 사진은 음식이 하나씩 차례로 나오는 양식이다. 시각적 층위가 한 번에 하나씩 나타나 쌓인다. 정원의 사계를 보려면 모든 층위가 중첩될 때까지 끈기 있게 기다려야 한다. 보는 이는 선택의 여지 없이 그때마다 자연미를 감상하게 된다. 반면 위의 사진에서는 시각적 층위가 평면적으로 결합돼 있다. 여러 장면이 동시에 전개되기 때문에 한 번에 모든 것을 맛볼 수 있고 느낄 수 있다. 그 대상은 보는 이가 마음대로 선택할 수 있다. 보는 이가 원림을 거닐면서 자연미를 감상한다고 하면, 장소와 공간과 풍경에 따라 두 그림을 보고 느끼는 대표적인 체험 방식을 동시에 겪는다고 예상할 수 있다. 실제 원림에서는 두 가지 방식의 시각적 층위가 본인이 미처 인식하지 못하는 사이에 끊임없이 교차되면서 자연의 아름다움을 체험하게 된다.

영화에서는 시각적 틀이 연속해 나타난다. 우주 탐험과 신비를 보는 영화에서는 그 끝을 알 수 없을 만큼 빛을 따라 계속해서 화면이 전개된다. 끝없는 장면이 인간의 호기심과 탐구심을 자극한다. 비슷한 예로 러시아 인형이 있다. 인형을 하나 들어내면 똑같은 형태가 그대로 나타난다. 몇 번씩 들어내도 그 모양은 그대로다. 호기심과 흥미가 여기서 발생한다. 한편 자동차로 터널을 지나갈 때 보통은 끝을 향해 시선을 집중한다. 터널 끝이 보이지 않으면 금방 답답하고 지루한 느낌이 든다. 이때 단조로운 터널 내부에 시각적으로 재미나는 흥미 요소가 있다면 그러한 지루함에서 벗어날 수 있다. 의식의 흐름을 시각적 층위를 통해 적절히 유도하는 것이다.

고속철도를 타면 승객은 여러 가지 시각적 층위를 경험한다.

열차 안에서 출발을 기다리는 동안 승객은 창밖으로 사람들이 분주히 움직이는 모습을 물끄러미 바라본다. 이윽고 열차가 움직이면 바라보는 장면은 빨리 지나고 흐릿해진다. 속도가 빨라지면서 창밖의 풍경은 일정한 간격으로 특이한 장면만 시야에 들어온다. 지루한 풍경은 기억에서 사라진다. 달리는 동안 상상의 날개를 펼친다. 보는 이는 바라보는 풍경을 잠깐 동안 현실이 아닌 시적·회화적 풍경으로 생각한다. 이윽고 서서히 역에 도착하면 다시 일상으로 돌아온다. 창에 비치는 자기 모습을 바라보면서 현실이라는 느린 창틀 속에 갇힌 자신을 다시 되돌아본다. 빨리 달리는 기차에서 경험하는 풍경은 마치 영화 장면을 감상하는 것과 같다. 고속철도에서 바라보는 풍경은 실제 상당한 거리와 간격을 두고 나타날 때 그 특징적인 회화적 풍경이 영화 장면처럼 인식될 수 있다. 이때 설정되는 시간적 간격과 층위의 내용에 따라 체험의 역동성 여부가 결정된다.

원림에서도 같은 원리로 시각적 층위를 배열할 수 있다. 풍경의 역동성은 시각적 층위를 구성하는 방식을 통해서도 체험할 수 있다. 중국 상하이에 있는 위위안豫園의 예처럼 틀이 연속적으로 중첩되는 시각적 층위가 나타나면, 보는 이는 쉽게 그 방향으로 나아가려는 느낌을 받는다. 특히 사진처럼 회랑이나 긴 통로에 틀이 반복되면 방향성과 역동성을 느끼게 된다. 한편 틀 자체가 여러 가지여서 그것 자체가 시각적 다양성을 보일 때도 공간의 역동성을 느낄 수 있다.

영화에서는 틀 짜기가 매우 자유롭다. 그러나 정원에서는 여러 가지 제약이 많아 영화에서처럼 시각적 층위를 다양하게 설정할 수 없다. 시각적 층위는 단순한 틀 짜기가 아니다. 단순한 틀을 연속하는 것이 아니다. 정원에서는 시각적 층위를 매우 교묘히 배열해야 그 뜻하는 공간적 의미를 전달할 수 있다. 영화와 달리 정원 한 곳에서 바라보는 조망眺望은 한편으로 여러 방향에서의 각각 다른 시각적 체험도 동시에 가능하게 해준다. 결국 여러 가지 시각적 층위를 경험함으로써 다양한 자연미를 감상할 수 있다. 다양한 층위를 통해 정원의 자연미를 조감鳥瞰하기도 하고, 세부적인 자태를 바라보면서 마음속으로 자연의 큰 그림을 상상하기도 한다.

동아시아 세 나라의 원문화園文化는 회화적 풍경을 설정하는 방식에서도 차이가 나타난다. 세 나라 중에서 가장 다양한 시각적 층위를 보이는 것이 중국의 원림이다. 자연을 모두 줄여서 끌어들인 원림에서 원래의 광대한 자연 산수를 재현하기 위해서는 다양한 시각적 층위를 중첩시켜야 한다. 중국의 원림에서는 주로 회랑과 누창으로 시각적 층위를 중첩시킨다. 여러 가지 회랑과 화창으로 주변 자연을 틀 속으로 끌어들인다. 심지어 쑤저우에 있는 청 대의 유명한 원림 왕스위안網師園의 복랑復廊처럼 회랑을 두 줄로 중첩시켜 그야말로 자연을 이중적인 시각적 층위로 감상하는 경우도 있다. 중국 원림의 경우 회랑에서 바라보는 자연미는 대체로 인공적인 취향이 강하다. 각종 조미료를 한껏 사용해 조리한 음식을 맛보는 것과 같다. 그래서 원림에서는 각종 층위를 전부 경험해보아야 전체 원림의 자연미를 파악할 수 있다. 중국의 원림에서 틀은 벽에 걸린 사진 액자처럼 수직으로 만든다. 겹치는 방식도 수직면이 그대로 중첩된다. 평범한 돌무더기나 꽃나무도 가렸다가 보여주고, 틀 속에 가두기도 하며, 부분만 보여서 전체를 상상하게 하는 수법으로 '이소관대以小觀大'의 목적을 달성한다. 회랑을 거닐며 틀에 담긴 인공적인 자연을 바라보면서 중국인은 거대한 산수를 상상한다.

원림은 자연을 울타리로 가두어 그 공간적 범위가 이미 정해져 있다. 그 속에서 시적 감성과 회화적 풍경을 통합해 입체적으로 체험한다. 시적 풍경은 반드시 시를 읽는다는 것을 전제하지는 않는다. 원림에서 시적 풍경과 회화적 풍경이 '움직이는' 요소에 의해 체험될 때, 그 풍경은 미적 체험으로 의미를 갖고 살아 움직인다. 이 과정을 반복할 때 원림의 아름다움이 체험된다. 그러한 장면이 연출되도록 교묘히 풍경을 만드는 작업이 바로 원림예술이다.

문학적 상상,
시적 풍경

그림은 공간예술인 데 비해 시는 시간예술이다. 매체가 다름에 따라 풍경을 표상하는 방식이 달라진다. 시를 읽어 가면서 마음 속에 만들어지는 상상의 이미지가 시적 풍경이다. 그림에서는 경험과 정서, 기쁨의 원천이 직접 가시적인 대상인 반면, 시는 가시적인 세계를 직접 그리지 않고 언어로 암시한다. 시의 행간 사이사이에 단어가 풍기는 의미와 의미가 서로 결합될 때, 읽는 사람의 상상력이 발동하여 마음속에 자기만의 독자적 이미지가 만들어진다. 이때 나타나는 시적 풍경은 실재의 풍경과 겹쳐진 다. 예술가가 대상으로부터 느끼고 체험한 내면세계를 우리는 예술 작품을 통해 간접적으로 경험하게 된다. 그 속에서 느껴 지는 작가의 주관적인 감정과 특별한 정서를 '서정성'이라고 한 다. 시적 풍경은 시의 내용이 서정성을 불러올 때 만들어진다.

주관적 체험을 바탕으로 하는 서정성은, 시의 내용과 분위기

에 따라 다양하나 그것이 발동되는 기본 조건이 있다. '동적動
的' 느낌을 암시하는 시어의 사용이다. 다시 말하면 시에서 동
적 이미지가 포함되는 단어가 자주 사용될 때 시의 분위기는 곧
시적 풍경으로 전환되기 쉽다. 표현에서 사물의 움직임이 강하
게 나타나고 이것이 풍경 요소와 결합되면 그때 풍경은 곧 서정
성을 띠게 되고, 이것이 읽는 사람의 머릿속에 시적 풍경으로
자리 잡는다.

봄날 앞마당에 동백꽃이 하염없이 쌓인다. 갑자기 산비둘기가 퍼드
덕 소리를 내며 날아간다. 짙은 아침 안개 속에 복사꽃은 붉게 피어
있고, 흐릿한 그 사이로 쓸쓸한 풍경 소리가 적막한 풍경을 일깨운다.

파초에 부딪치는 빗방울 소리가 순간 한여름 무더위를 잊게 한다.

하염없이 내리는 함박눈에 연못의 물고기는 아는지 모르는지 잔물
결만 일으킨다.

위의 글에서는 모든 풍경 요소가 움직이고 있다. 이 장면을
그림으로 표현할 때 시적 풍경에서 서정적 분위기를 더 강렬하
게 느낄 수 있다. 한시에서 자주 사용하는 수법 중의 하나다.

늙은 매화나무에 꽃이 피어나고	老樹梅花發
긴 대숲에선 바람 소리 울린다	風鳴脩竹林
산사람이 눈을 밟고 이르러서는	山人踏雪至
시구를 스스로 길게 읊조리는구나	詩句自長吟

이 시에서 풍경의 시각적 이미지는 처음에 매화가 피고, 산사람이 눈을 밟았다고 하는 데서 시작한다. 이어 대숲에 바람 소리가 들리고, 산사람이 시구를 읊조린다고 해 이미지를 청각화했다. 시 속에서 바람의 실체는 눈으로 볼 수 없다. 그럼에도 마치 대숲에 바람이 부는 것처럼 느껴지는 것은 정지된 풍경에서 살아 움직이는 활기를 띠는 시적 풍경으로 그 느낌과 이미지가 전환됐기 때문이다. 이 시에서 제시된 '매화, 죽竹, 산인山人, 설雪' 등은 흔히 접할 수 있는 풍경 요소다. 그런데도 이러한 요소가 마치 지금 무슨 동작을 하려는 듯 느껴지는 이유는 이에 어울리는 적절한 동사 시구를 사용했기 때문이다. '발發, 명鳴, 답踏, 음吟' 등의 동사는 풍경의 상태가 완결된 것이 아닌 현재 진행되고 있음을 알려줌으로써 풍경을 활물화活物化 한다.[4] 이러한 풍경은 원림에서 자주 볼 수 있고, 어떤 계기로 인해 보는 이의 마음속에 각기 다른 시적 풍경을 그리게 한다. 시적 풍경과 회화적 풍경은 그 이미지가 원림에서 서로 교차하면서 또 다

른 미적 체험을 유도한다. 원림미는 바로 그러한 두 풍경을 통해 체험된다.

원림에서 정자의 주련과 편액扁額 그리고 제화시題畵詩는 시적 풍경을 불러오는 대표적 수단이다. 이를 통해 보는 이의 마음속에 형성된 시적 풍경은 원림의 회화적 풍경에 활기를 불어넣는 매우 중요한 역할을 한다. 쑤저우에 있는 왕스위안에는 연못가에 아름다운 정자가 있다. 정자의 이름은 '월도풍래정月到風來亭'이며, 《채근담菜根譚》에서 유래한다.

마음을 잠재우면 곧 달이 뜨고 바람이 불어오나니 이 세상이 반드시 고해만은 아니로다. 　　　　　　機息時 便有 月到風來 不必苦海人

월도풍래정의 낮과 밤

정자의 이름 그 자체만으로도 이 원림의 풍경을 쉽게 상상할 수 있다. 월도풍래정은 이름 속에 달과 바람이 함께 있다. 정자와 달빛은 한 폭의 그림이다. 바람은 그림에 시적 서정을 느끼게 하는 움직이는 풍경 요소다. 바람으로 회화적 풍경에 시적 풍경이 겹쳐진다. 낮에 보는 정자 역시 한 폭의 풍경화다. 여기에는 달도 없고 바람도 불지 않는다. 오직 정자의 편액 속에만 달과 바람이 일고 있다. 조용한 풍경에 활기를 불어넣는 것은 '월도풍래月到風來'라는 시구다. 시로 인해 그림 같은 풍경이 살아난다. 시구를 접하면 문득 바람이 불어온다. 낮에 밤 풍경을 상상할 수 있다. 원림미는 음악이나 그림처럼 직접 체험하기 어려울 수도 있다. 풍경을 읽는 '느린' 마음이 전제돼야 하기 때문이다. 대상을 시적으로 느낄 때, 그리고 이곳저곳에 숨어 있는 아름다운 회화적 풍경의 편린을 서정적인 마음과 눈으로 음미할 때 그 아름다움을 체험할 수 있다. 이렇게 시적 풍경과 회화적 풍경은 그 이미지가 서로 바뀌면서 원림미를 풍부하게 한다.

그림은 표현된 사물 자체에 관심이 집중되도록 유도하지만, 시는 독자에게 언어를 던져줄 뿐 더욱더 상상을 유발하게 해 이미지 층을 두껍게 형성한다는 점에서 차이가 있다. 원림미는 시적 풍경과 회화적 풍경이 동시에 혹은 서로 엇갈려 나타나면서 풍경이 개인화, 구체화된 것이다. 결국 풍경을 매개로 해 회화적 구상과 시적 상상이 원림에서 구체화되고, 역설적으로 그러한 두 풍경이 시적, 회화적 상상에 다시 작용을 하게 된다.

동양 산수화에서 그림에 써넣은 시를 제화시라고 하는데, 제화시는 그림을 대상으로 해서 짓는다. 이때 여백에 쓰는 한 편의 시는 그림에서 연상되는 이미지를 시적 상상으로 보완하는 역할을 한다. 그림은 정태적이고 평면적인 예술이어서 동태적이고 입체적인 내용을 한 폭의 그림에 모두 담기 힘든 경우가 많다. 제화시는 바로 이러한 결점을 보완한다. 시와 그림이 한 화면 속에 있는 이상, 제시題詩의 위치는 당연히 전체 화면의 구도에 영향을 준다. 초기에 시인은 단지 화면의 공백에 제시했을 뿐, 화면 구성에서 두드러지게 나타내지 않았다. 그 후 점차 그림과 시의 내용적인 소통뿐만 아니라 시의 화면 배치에도 신경을 쓰기 시작했고, 제화시의 위치 선정이 주는 공간적인 미감을 아주 중시하게 됐다. 그래서 화가는 먼저 제시할 공간을 남기고, 제시의 형식이나 자체字體, 공간의 대소, 회화의 제재를 하나로 완성하고자 했다. 제화시가 보이는 회화적 구성의 묘妙를 추사의 그림 〈불이선란不二禪蘭〉에서 볼 수 있다. 이 그림에서 제화시와 난 그림을 보면서 우리는 시와 회화적 풍경의 의미를 넘어 또 다른 층위의 풍경을 상상하게 된다.

이 한 장의 그림에서 추사체의 진면목을 볼 수 있다. 20년 만

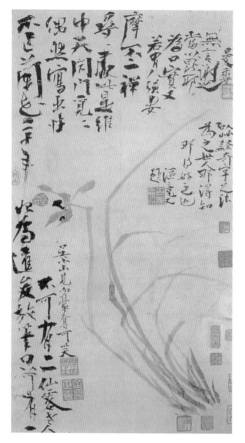

난을 그리지 않은 지 스무 해
우연히 그려진 건 천성이러라
문을 닫고 찾고 찾은 곳
이것이 유마거사의 불이선이로다

애초에 달준이를 위해 휘둘러 그렸다
한 번이나 할 일이지
두 번은 못할 일이다
선객노인

이 난초를
예서와 기자체 쓰는 필체로 그렸으니
세상 사람들이 어찌 알 것이며
어찌 좋아할 수 있겠는가
구경이 또 쓰다

不作蘭花二十年
偶然寫出性中天
閉門覓覓尋尋處
此是維摩不二禪

始爲達俊放筆
只可有一
不可有二
仙客老人

以草
隸奇字之法爲之
世人那得知
那得好之也.
漚竟又題

김정희, 〈불이선란〉, 개인 소장

에 그린 난초 사이로 불가의 깊은 사상에 심취한 추사의 마음
이 나타난다. 그림을 그리게 된 연유도 자연스럽게 화면에 스며
들어 있다. 제화시는 화폭에서 난 그림과 대등하게 조형적인 균
형성을 보인다. 자기만의 서체로 쓰고, 자기만의 그림을 불가의
사상적 배경을 등에 업고 그린 것이다. 시적 풍경은 난 그림으
로 항상 향기를 품고 있다. 난 그림은 여백에 한시가 스며들어
화면을 가득 채운다. 그 사이 여백을 지나는 동안 시적, 회화적
풍경이 머릿속에 그려진다. '시화서詩畵書 일률一律'이라는 예
술적 완성도를 보이는 완벽한 사례다.

시적 풍경은 전체를 알 수 없을 정도로 너무 가깝거나 멀리 있
으면 제대로 인식하기 힘들다. 그래서 시작詩作의 방법론을 서
술한 책에서는 풍경을 말할 때 '공간적 거리감'과 '시간적 거리
감'을 적절히 유지해야 한다고 지적한다. 공간적 거리감은 시차
視差를 통해 생기고, 시간적 거리감은 시차時差를 두면 생긴다.

보는 관점의 차이, 즉 시차는 색다르게 풍경을 바라보는 것이
다. 다시말해 시에서 표현하는 통상적인 사물 혹은 풍경의 모습
을 어떤 계기로 인해 전혀 다른 시각에서 바라보게 될 때가 있
는데, 그 계기가 바로 시차인 것이다. 독자에게 전혀 다른 세상
을 보게 하기 위해서 시인은 사물 혹은 풍경의 단편적인 면이나
전혀 다른 의미를 지닌 모습을 찾아내려 한다. 사물을 전혀 다

른 시각에서 바라보게 한다는 점에서 시인과 사진작가는 유사하다고 할 수 있다.

한편으로 시에서 계절을 앞당기거나 지나간 계절을 기억 속으로 끌어옴으로써 시적 상상을 유도하는 경우가 있다. 시간적 거리감을 갖기 위해서는 체험의 시간적 차이를 둬야 한다. 바로 시차다. 글자 그대로 시간적 간격을 의미한다. 보통은 '느림의 미학'을 통해 이를 달성한다. 시간의 흐름을 달리해서 '느리게' 체험하는 것이다. 느림의 체험은 음악, 영화 그리고 원림예술園林藝術에서 서정성을 불러오는 공통적인 전제 조건이다. 원림에서 체험하는 자연미는 곧 시간적으로 그리고 공간적으로 일정한 '어긋남'과 '느림'이 유지된 상태에서 향수享受되는 아름다움일 것이다.

작가는 풍경에 바람을 일으키는 사람이다. 시인의 눈에 비치는 풍경에 바람이 일면 우리는 걷잡을 수 없는 폭풍 속으로 들어간다. 《폭풍의 언덕》은 잉글랜드 요크셔의 황량한 히스 언덕을 배경으로 펼쳐지는 한 남자의 극적인 사랑을 그린 소설이다. 영원한 사랑을 갈구하는 한 남자의 맹목적 집념이 몰고 온 극적인 결말이 언덕에 휘몰아치는 폭풍보다 더 격렬하게 우리를 뒤흔든다. 히스클리프의 격정은 언제나 휘몰아치는 폭풍이었다. 무서운 폭풍우의 바람 소리보다 오히려 소설 속에서 전개되는

문학적 상상으로 바라보는 요크셔의 히스 언덕

격정과 사건의 반전으로 다가오는 감정의 소용돌이가 더 강렬하게 느껴진다.

이야기는 폭풍이 불어닥치는 황량한 언덕 위더링 하이츠에서 시작하고 거기에서 끝을 맺는다. 고아 소년 히스클리프가 이곳 언쇼 저택에 들어오면서 비극은 시작된다. 주인 언쇼의 귀여움을 독차지하면서 아들 힌들리의 질투는 거세진다. 그런 중에도 딸 캐서린과 유일한 친구가 돼 힘든 시간을 즐거운 추억으로 이겨낸다. 언쇼가 죽자 힌들리의 구박은 더욱 심해지고 캐서린의 사랑마저 믿을 수 없게 되자, 히스클리프는 홀연히 위더링 하이츠를 떠난다. 괴로움 속에서 캐서린은 결국 다른 남자와 결혼하게 된다. 세월이 흐른 후 어느 날 히스클리프는 이들 앞에 다시 나타난다. 그는 캐서린의 사랑을 되찾고 힌들리에게 복수하기 위해 계획을 하나씩 실행해 나간다. 마침내 히스클리프는 두 집안의 재산과 자식까지 모두 손에 넣게 된다. 히스클리프의 운명적인 사랑은, 그러나 결국 캐서린의 곁에 묻히는 자기 파멸로 끝난다. 폭풍의 언덕 교회 마당에 나란히 놓인 두 사람의 묘비를 바라보며 죽기 얼마 전 캐서린을 그토록 그리워하며 중얼거리던 히스클리프의 독백을 하녀는 이렇게 읽었을 것이다.

아픈 내 가슴에 얼굴을 묻고 위로해주던 그녀는 더 이상 볼 수 없고, 오로지 차디찬 폭풍우만 몰아친다. 이제 내가 할 수 있는 것은 오직 하나, 두 번 다시 그녀 곁을 떠나지 않는 것, 그녀와 영원히 함께 살아가는 것일 뿐….

역경에 굴복하지 않고 운명에 길들여지지 않는 히스클리프의 원초적 순수함을 사랑한 캐서린, 그녀를 향한 히스클리프의 위태로운 열정, 서로를 소유하지 못한 채 결국 서로를 무너뜨릴 수밖에 없는 원초적 격정, 그 알 수 없는 비극적 서사가 폭풍이 몰아치는 위더링 하이츠의 음산한 풍경으로 몰아가 우리의 가슴을 한없이 할퀸다.

지금 이 순간에도 사람들은 하워스 마을을 찾아가 그 폭풍의 언덕에서 서성거린다. 사진엽서와 〈폭풍의 언덕〉 영화음악 CD를 손에 든 채, 조금이라도 소설 속의 그 풍경을 찾아 이곳저곳 히스 들판을 헤맨다. 그리고 폭풍의 언덕은 그 어디에서도 찾을 수 없는 곳임을 깨닫고 발길을 돌린다. 차창 속에 캐서린과 겹쳐진 자신의 얼굴을 보면서 여행자는 폭풍의 언덕을 다시 회상한다. 일상으로 되돌아가는 여행자의 마음은, 그러나 이미 다른 풍경으로 채색돼 있다. 여행자의 마음속에서는 시적 상상과 그곳의 풍경이 서로 얽힌다. 두 풍경이 부딪치면 바람이 일어난다. 잔물결에서 큰 파도로 이어진다. 그 속에서 우리는 마음의 풍차 소리를 듣는다. 히스클리프는 우리 마음속에 조용히 잠들어 있지만, 언젠가 바람이 일면 그 폭풍은 다시 불어올 것이다.

미적
　체험과
원림미

꽃의
자연미

꽃은 기억과 추억, 간직하고 싶은 마음을 대신 말해줄 뿐 아니라, 사랑 고백, 가족의 장례, 결혼, 입학식 등 기억과 추억을 되돌리는 연결고리다. 어떤 꽃이든 상관없다. 그 꽃과 나무는 우리 기억 속에 숨어 있다가 어떤 계기로 신기하게 삶의 한 장면으로 되돌아온다. 꽃과 나무는 삶의 수수께끼를 풀어내는 암호다. 한 사람의 삶을 이것으로 읽어낼 수도 있다. 꽃을 통해 마음속에 잠깐 스쳐가는 기억과 추억은 순간과 영원이 공존하는 풍경이다. 꽃이나 나무는 그 세상에 들어가는 마음의 문이다. 그래서 꽃과 수목이 가득한 화원은 아름다움을 넘어, 우리에게 추억, 기억, 회한과 기쁨을 되돌려주는 사진첩이 된다. 세월이 가면서 사진첩 속의 사진은 차곡차곡 쌓이기도 하고 색이 바래기도 한다.

이때 꽃과 나무는 이미 추상화된 이미지다. 그 이미지는 실제

꽃과 나무를 바라보는 순간의 시각적 이미지와 보는 이의 마음 속에 숨어 있던 기억을 서로 작용하게 한다. 방문자는 실제 꽃에서 느끼는 자연미와 기억 속의 아름다움을 동시에 감상하게 된다. 이러한 과정은 미적 체험 과정에서 매우 보편적이고 일상적으로 일어나는 일이다.

〈그녀의 로즈 가든〉 - 온형근

로즈 가든으로 가는 버스는

낭만적인 일상이 스며져 있다고

그녀가 버스에서 내릴 때쯤이면

석양을 닮아 있는 장미들이 아우성이다

그녀가 버스에서 내리는 것을

사람들은 알지 못한다

그녀는 혼자였다

나이는 옆모습이 활짝 핀 장미

석양빛을 가득 머금은 채 홍조다

슬픔은 비 오는 날 로즈 가든행 버스에 실려

장미와 짙은 만남을 이룬다

그녀의 슬픔은 움직임 큰 동선이 돼

로즈 가든을 감아 돌 때 심한 몸살을 겪는다

그때마다 장미는 조금씩 꺾어져

로즈 가든에서 슬픔에 목말라 있는 장미들은

비로소 그녀를 만나 슬픔에 젖어든다

그녀는 이지러지고 망가지는 장미를

피하지 않고 정면으로 바라본다

그녀에게 실려 있는 삶의 무게는

피자마자 말라죽은 장미를 향해

그녀의 아픔을 닮아 있는 장미에게 다가가

진한 몸섞음을 되풀이하고

그녀의 향기로

슬픔 가득 밀려 시든 장미를 보듬고

날카로운 가시를 살피며 키스하고

그녀의 슬픔이 시든 장미의 슬픔을 만나

로즈 가든이 석양처럼 그윽해진다

　시인은 장미를 슬픈 가슴으로 보았다. 여기서 장미는 색이
없다. 오직 슬픈 마음을 날카로운 가시로 찌른다. 슬픔 가득 밀
려 시든 장미를 보듬고 날카로운 가시를 살피며 키스하고 시
든 장미의 슬픔을 만나 로즈 가든이 석양처럼 그윽해진다. 로
즈 가든이 석양처럼 그윽해진다. 석양처럼 그윽해진다. 그, 윽,

일본 홋카이도 비에이美瑛
패치워크노미치パッチワークの路, 2008

해, 진, 다….

시적 상상은 망가지는 장미를 보듬으며 그녀의 삶을 되돌아보는 영화의 마지막 장면으로 인도한다. 마지막 영화 장면에서 장미는 어떤 색으로 비칠까? 시를 읽고 화가는 여인과 장미를 어떻게 그릴까?

'넓은 들판에 홀로 서 있는 큰 나무'는 사진작가가 즐겨 사용하는 소재다. 사진에서는 보통 큰 나무의 고고한 자태와 거침없는 넓은 언덕으로 구도를 단순화한다. 그런 장면은 현실에서 그리 흔치 않은 풍경이기에 사진만으로도 바라보는 가치가 있다. 그 특이함 때문에 즐겨 사진틀에 담는다. 작품의 구도는 작가마다 미묘하지만 각기 다른 풍미風味가 있다. 나무의 원시적 형태, 광활한 초원의 색깔과 빛 그리고 시정詩情을 불러오는 바람과 구름의 형상 등 작가의 눈을 통해 자연의 여러 가지 추상적인 얼굴을 암시한다.

들판에서 일하는 농부는 언제 어떤 꽃이 피는 나무라고 인식할 뿐이지만, 작가는 그림틀에 갇힌 추상화된 특이한 자연으로 인식한다. 마찬가지로 정원에서는 꽃과 나무를 일상과 다르게 전시해 특별한 풍경을 만들려고 애쓴다. 어떤 계기로든 꽃과 나무의 아름다움이 보는 이의 기억과 연동되면, 정원의 색다름과 특이함에 대한 호기심이 발생하게 되고, 이는 바로 미적 체험의 시작 단계가 된다.

자연미는 자연을 대상으로 하는 여러 가지 미의식을 기반으로 표출되는데, 가장 대표적인 미적 범주는 형태미다. 자연의 맵시나 잘 다듬어진 모습을 보고 아름다움을 느끼는 것이다. 예를 들면 바닷가에 멋진 자태를 뽐내며 서 있는 우아한 모습의 팽나무, 마음까지 시원해지는 초원의 야생화 군락, 연못에 비치는 달그림자, 세월이 느껴지는 회화나무 줄기 껍질 등이 있다. 여기서 아름다움을 느끼는 것은 그 자체를 인간이 만들 수 없다는 불가능성과 그로 인한 신비감에 기초한다. 특이하고 기이하며 신기한 대상에 갖는 호기심은 인간의 본능이다. 그렇지만 이 경우에도 앞서 살펴본 전체와 부분이라는 인식 과정이 성립돼야 비로소 아름다움이라는 미의식으로 나아갈 수 있다. 그런데 인간은 이런 유형의 미적 대상을 결코 복사할 수 없다. 다만 추상적이라고 단순한 형태로 바꾸어, 즉 추상화 과정을 거쳐 자연의 형태미를 재현한다. 대리석으로 만든 다비드상은 추상화된 인체의 단순한 형태다. 그러나 다비드상이 단순한 대리석 덩어리가 아닌 다비드라는 인간의 인체로 인식될 때 비로소 그 조각이 미적 대상으로 바뀌는 것처럼, 정원의 꽃이 그냥 꽃이 아니라 또 다른 꽃의 상징으로 인식될 때 그 형태미는 미적 대상으로 전환된다.

오른쪽 사진에서 러시안세이지의 보랏빛은 물감으로 흉내낼 수 없을 만큼 그 자체로 황홀하고 신비롭다. 꽃잎이 미풍에 흔들릴 때, 그리고 꽃향기가 퍼지면 우리는 잠시나마 시적 서정 속으로 빠져든다. 그것도 한순간! 다시 시선을 돌리면 또 다른 야생화의 현란한 모습이 시선을 끈다. 멀리 바라보면 한 폭의 수채화나 다름없다. 눈은 그 속으로 빨려들어가고, 보는 이는 그림 속으로 들어간다. 그러고는 꽃의 환영幻影에서 벗어나 다시 세이지의 깊은 향기 속으로 빠져든다. 방문자는 이렇게 부분과 전체를 드나들면서 꽃과 나무를 통한 자연미를 새롭게 체험한다. 정원에서는 한 개체에서 발견하는 순수한 자연미와 함께 정원 전체를 조감하면서 느끼는 시각적 균형과 조화, 분위기

러시안세이지의 아름다움이 전체 정원에서 또 다른 자연미를 창조하고 있다.
일본 홋카이도 삿포로 모에레누마 공원モエレ沼公園 내
야생화원, 2008

독일 바트드리부르크
핏 아우돌프Piet Oudolf, 그레플리처 공원Gräflicher Park , 2013

의 역동성과 시정을 동시에 교대로 체험하고 즐기게 된다. 정원에서 자연미는 이렇게 여러 층으로 체험되는 특징이 있다.

미술교육 중에 기초 수련 과정으로 구성미 연마 수업이 있다. 인공적인 조형미를 익히기 위해 자유롭게 여러 색상이나 형태를 구성해 그 아름다움을 찾는 과정이다. 재현과정에서 자연 소재는 인간의 창조적 사고에 의해 재구성된다. 꽃은 그 자체로 아름답지만 나아가 형형색색의 꽃이 창의적으로 재배열되면 또 다른 아름다움을 보인다. 이러한 배열과 조합을 통해 얻을 수 있는 미의식은 느낌의 흐름이나 태깔이 균형과 동시에 강렬하게 초점으로 다가올 때 배가된다. 구성미는 자연의 형태를 추상적으로 재구성하는 과정에서 그 조형미를 발산시키는 것이다. 그래서 안전이라든가, 안락, 편안, 그로 인한 풍요로움 같은 인간의 생리적 욕구를 만족시킬 때 미의식으로 전환된다. 이 과정에서 문화적 차이로 여러 가지 정원 양식樣式이 다르게 나타나게 된다.

자연의 형태미와 구성미에서 느껴지는 아름다움보다 더 전체적이고 극적인 감동은 표현미에서 받게 된다. 거칠고 대담한 느낌의 소재가 가늘고 고운 결의 소재와 함께 어울리면 그 모습에서 진한 감동이 느껴진다. 때로는 거칠고 또 일부는 고전적이며 가끔은 정통의 취향을 느끼게 되는 미묘한 분위기는 바로 표현미가 전해준다. 이것은 자연에서 느끼는 기질이나 기세 같은 것이다. 영화에서 명배우는 어떤 배역을 맡든 그 사람 고유의 멋과 개성을 발휘한다. 표현미는 배우가 각각 독특한 취향과 기질에 따라 사건의 전개에 특별하게 참여해 관객에게 감동을 주는 것을 말한다. 영화의 진정한 재미는 바로 배우의 개성이 충돌하는 것을 바라보는 데 있다. 조지훈은 여기에 정신미와 초월미를 추가해서 미적 유형을 구별한다. 그는 초월미는 예술 전반에서 발견할 수 있고, '치밀함을 넘어 단순하면서 전혀 다른 수준에서 변화의 묘를 보이는 것'이라고 했다.

정원에서 자연을 추상화할 때 가장 중요한 것은 꽃을 어떻게 전시, 배열하느냐다. 꽃 디자인은 정원 설계의 전부라고 해도 과언이 아니다. 특히 유럽의 정원에서 흔히 나타나는 꽃 전시는 한마디로 그림을 그리듯이 한다는 것이다. 즉 회화적 구성을 기본으로 삼는다. 그림에서 가장 기초적인 기술이 색상, 재료, 시각적 구성에서 출발하는 것과 같이, 꽃을 기본으로 하는 정원에서도 꽃의 색상, 그 꽃이 지닌 시각적 특질, 배열상의 문화적 취향 등 그림을 대하는 태도와 매우 유사하다.

동서양을 막론하고 정원예술에서 중요한 목표는 식물을 통해 추상적 자연미를 표현하는 것이다. 그러나 표현 방식과 사용하는 식물 소재의 선택, 공간을 채색하는 심미안 등 정원에 관한 여러 관점에서 동서양은 각기 다른 길을 걸어왔다. 그 차이는 간단히 말하면, 동양화와 서양화의 차이와 같다.

영국의 화훼정원에서 가장 기본적인 자연미는 꽃 한 송이의 독특한 아름다움을 강조하는 장면에서 출발한다. 수많은 장미가 뿜어내는 아름다움도 어느 하나의 장미를 감상하는 일에서 시작한다. 다음 단계는 몇몇 꽃을 함께 어울리게 해서 복합적인 자연미를 느끼게 하는 것이다. 대표적인 형식이 가장자리 심기 border planting다. 심지어 프랑스의 정원에서도 가장자리 심기를 할 때는 영국의 정원사를 초빙할 정도로 이에 대한 예술적 수준은 전 세계적으로 영국이 가장 뛰어난 것으로 알려져 있다. 그러한 꽃의 조합은 일정한 매뉴얼이 있을 정도로 매우 정형화된 패턴이 여러 정원에서 나타난다. 영국의 화훼정원에서 가장자리 심기는 매우 서정적이다. 긴 잔디밭을 따라 가장자리에 심은 꽃은 색상이나 질감, 나아가 전체적인 형태에서도 미묘한 변화를 보인다. 움직이면서 바라보는 상태에서 시적 풍경이 연출되려면 풍경 속에 율동성이 표현돼야 한다. 운율이 있는 시가 감흥을 불러올 수 있듯이, 정원의 여러 가지 공간의 형식이 변화의 규칙성을 보일 때 보는 이는 율동성을 체험하게 된다. 형태가 반복되다가 조금씩 변화하기도 하고, 꽃의 색상이 반복되면서 서서히 강조되기도 한다. 꽃잎의 결이 곱다가 거칠어져 변화

영국 그레이트 딕스터 가든Great Dixter's Garden, 2006(위)
영국 시싱허스트 캐슬 가든Sissinghurst Castle Garden, 2004(아래)

걸어가며 관찰을 통해 율동성을 체험한다. 영국 글로스터셔 히드콧 매너 가든, 2004(위)
영국 햄프셔Hampshire 모티스폰트Mottisfont 올드 로즈 가든의 가장자리 심기 사례.(아래)

가 생기면 전체적으로 리듬을 느낄 수 있다. 이것은 일종의 또다른 공간 체험이다.

꽃이 중심이 되는 영국의 화훼정원은 리듬감이 뛰어난 정원으로 유명하다. 그러나 동아시아의 원림에서는 이러한 율동성을 강조하지 않는다. 산수에서 마음의 평정을 얻으려 한 도가, 불가, 유가의 정신적 지향은 어디까지나 마음의 좌정坐靜에서 출발한다. 그래서인지 한·중·일 세 나라의 원림은 서양처럼 현실 세계의 역동적 삶을 반영하기보다 산수를 끌어들여 인간의 이상적 삶을 추구하려는 표현 의지가 강하다.

마지막 단계는 꽃과 나무 사이에 경계를 설정해 정원에서 공간감을 느끼게 하는 과정, 즉 공간적 맥락을 느끼게 하는 단계다. 이렇게 해서 보는 이는 정원의 자연미를 부분과 전체를 오가면서 체험할 수 있다. 재식설계栽植設計 planting design 는 바로이 부분에서 창조성을 발휘하는 정원 조성 기술이다.

동아시아의 원림에서는 유럽의 정원 같은 화려한 식물의 자연미를 찾아보기 힘들다. 이는 기본적으로 사회문화적 전통에서 기인한다. 유럽의 정원이 보여주는 자연미는 전통적으로 개별 식물의 소재에 대한 자연미에 일차적인 관심을 두고, 이의 배열과 전시를 자유분방하게 시도하는 것이 기본이다. 그러나 유·불·선의 강력한 종교적 규범하에 문화 활동이 전개돼온 동아시아의 세 나라는 조형 세계에서도 이 영향에서 벗어날 수가 없었다. 은사隱士의 조용한 생활공간으로 자리 잡은 세 나라에서의 원림은 자연미를 추구할 때 서양과는 역사적으로 다른 길을 갈 수밖에 없었다.

중국 원림에서 꽃은 화창花窓, flower window(누창의 하나)을 통해 1년 내내 바라볼 수 있다. 창이나 벽에 새겨진 꽃은 바람이 불든, 비가 오든 언제나 한결같이 피어 있다. 다만 꽃 색깔이 계절마다 달라진다. 원림에는 세 종류의 꽃이 있다. 눈앞에 가장 가까이 있는 것은 물론 실재하는 꽃과 나무다. 거기에서는 향기가 난다. 바라보는 이의 눈앞에 있어서 어디까지나 현실적으로 가까이 할 수 있는 대상 그 자체다. 건물의 화창은 꽃잎 모양인데, 이를 통해 건너다보면 흰색 담장에 꽃이 그려져 있다. 실제로는 막힌 담장에 통풍을 하려고 만든 것이지만, 꽃잎 모양으로 조각해 꽃을 바라보는 시각적 층위를 추가한 것이다. 그 속으로 흐릿한 녹색이 보이고, 때로는 붉은 꽃잎이 어른거리기도 한다.

계절이 변하면서 보는 이는 세 가지 꽃을 감상할 수 있다. 시선이 근경에서 원경으로 옮겨가면서 자연의 추상적 의미가 강조된다. 누창漏窓, openwork window의 꽃으로 인해 마당의 월계화는 더 선명하게 다가오고, 한편으로 누창 속의 녹색으로 변화하는 무상한 자연의 모습을 느끼게도 된다. 중국 원림에서는 이런 식의 인공적 형태와 틀 짜기를 통해 자연을 추상화한다. 그래서 중국 원림에서는 계절마다 피는 실제 꽃을 보며 1년을 지내는 일이 더 많다. 꽃의 자태는 한결같이 변하지 않고, 변하는 것은 다만 계절과 세월뿐이다.

중국 장쑤성 쑤저우 창랑팅滄浪亭, 2001

한국인이 원정에서 꽃나무를 대하는 태도는 중국보다 더 '방관적'이라고 할 수 있다. 여기서 방관이란 자연을 그대로 둔다는 뜻이다. 원정에서 자연은 정도의 차이는 있으나 어디까지나 사람의 눈에 알맞은 형태로 정리돼 있다. 한국의 경우, 꽃의 자연미에 대한 태도는 상대적으로 소극적이다. 꽃을 현란하게 배열한다든가, 그림을 그리는 것처럼 색깔이나 소재의 형태 등에서 세밀한 궁리를 하지 않는다. 꽃의 종류가 적기도 하려니와, 전통적으로 재식栽植을 그리 중요하게 생각하지 않는 자연관 때문이 아닌가 한다.

선비는 기화요초琪花瑤草라고 해서 지나치게 요란한 초화를 멀리했다. 조선의 문사文士는 꽃과 나무를 감각적인 매력의 대상으로 보기보다는, 오히려 인격을 부여해 그 소재를 사람이 지켜야 할 유가적 덕목의 상징으로 보았다. 그들은 초목에서조차 성리학적 규범을 찾으려 했다. 그러므로 꽃나무의 아름다운 가치는 우리에게 주는 감각적 쾌감이 아니라, 그것의 상징적 의미에 있었다.

조선 중기에 들어오면 생활이 전반적으로 향상돼 사람들의 관심이 분경盆景에 쏠리게 된다. 계절에 구애되지 않고, 한편으로 초화의 관리가 용이해 가원家園에서 분경은 보편화되기 시작했다. 이는 아름다운 꽃을 감상하기 위한 적극적인 취향이 나타나는 대목이다. 지금도 한국의 가원에서 분경은 빼놓을 수 없다.

한국 원정에서 꽃나무의 자연미는 시각적 틀 짜기를 통해 그 의미가 전달된다. 사랑채의 누마루에서 보는 주위의 풍광은 난간과 기둥으로 만들어지는 틀 속에 들어온다. 전통 원정에서는 미적 체험을 초화가 주는 시각적 즐거움에서 찾기보다 그 대상을 조용히 관조하는 데서 찾는 도가적 입장이 강하다. 따라서 현란한 초화의 배열이나 정교한 가꿈은 관심 밖의 일이고, 철이 바뀜에 따라 변하는 자연의 모습에서 유유자적하며 이를 완상

①장성 이진환, ②해남 녹우당과 추원당,
③영동 김선조, ④안동 학봉종택, ⑤광주 김봉호,
⑥함양 개평 이장 댁
빈 마당을 채우는 여러 방식에서
현대 한국 전통 가원의 대표적인 변화 추세를 읽을 수 있다.

玩賞할 뿐이다.

한국 가원에서는 주로 앞마당과 뒷마당 주위에 꽃나무를 심어서 하나의 원園을 만든다. 그것이 채원菜園. vegetable garden 이든 후원後園이든 그 자체는 담장으로 가려져 있는데, 뒷마당에 큰 교목 숲이 있으면 자연히 깊은 정취가 나는 공간이 이루어진다.

현대로 오면서 그러한 가원의 형식에 큰 변화가 나타난다. 기능적으로 사용하지 않는 앞마당은 꽃과 수목으로 채워지고, 전통적으로 비워둔 마당은 사라진다. 일제강점기의 지방 민가에서는 일본의 영향을 받은 흔적도 나타난다. 마당을 어두운 향나무나 소나무로 가득 채우고, 석상이나 석등 같은 경물로 장식한다. 대문을 들어서면 사랑채나 본채는 잘 보이지 않고, 나무 사이를 지나야 건물에 접할 수 있다. 좁은 마당에 공간의 깊이를 주기 위해 유현한 분위기를 조성한 것이다. 동시에 사랑채에서는 대문과 직접 마주하지 않아 시각적으로 사생활이 보호된다. 대문과 사랑채 간 간격이 좁아서 이런 시각적 완충지대를 형성한 것이다.

앞마당에 유현한 분위기를 도입하는 취향은 의성 소우당, 창녕 아석원, 아산 외암리 영암 댁, 송화 댁 같은 이미 잘 알려진 가원에서도 볼 수 있다. 이 같은 취향은 담양 소쇄원, 보성 열화

정, 다산초당 그리고 강진 백운동 별서別墅에서도 역시 그 특징이 두드러진다. 마당을 채우는 여러 방식에서 현대 한국 전통 가원의 대표적인 변화 추세를 읽을 수 있다.

중국 원림이 풍경을 바라보는 시점을 이리저리 바꾸어가는 것에서 자연미를 찾는다면, 일본 정원에서는 자연을 바라보는 시점과 그림틀이 고정돼 있다. 즉 액자에 자연을 담는다는 의미가 강하다. 영국의 화훼정원처럼 계절마다 바뀌는 꽃의 자연미를 감상한다기보다, 바라보는 시점을 고정해 경물이나 꽃의 배치와 전시를 변경하지 않고 항상 그대로 두려고 한다. 물론 계절의 변화에 따라 단풍과 화목의 꽃잎이 휘날리는 서정을 감상하기도 하나, 대체로 집 안에서 한 면으로 바라보는 정원의 자연미는 일정하게 고정돼 있다. 마치 그림을 걸어놓는 방식과 같다. 일본 정원은 계절의 변화보다는 항상 일정한 느낌을 감상함으로써 마음의 평정과 관조의 즐거움을 추구하는 것이라고 할 수 있다.

산수미의
추상화

예술을 통해 우리는 잘 알 수 없는 인간 내면(정신)세계의 또 다른 면을 바라볼 수 있다. 자연을 추상화하는 과정은 예술의 여러 분야에서 흔한 일이다. 예술은 왜 추상화의 길을 밟는가? 꽃과 나비, 강물과 기러기, 돌과 물안개, 저녁노을과 같은 우리 주변의 감성적인 분위기나 풍경을 대표하는 자연의 속성을 파악하는 과정을 '자연의 추상화'라고 한다. 자세한 관찰을 통해 어떤 특징적인 형식(패턴, 정형, 규칙)을 찾아내는 과정을 과학에서는 '일반화'라고 하고, 예술에서는 '추상화'라는 말을 주로 사용한다. 예술 역시 추상화를 통해 사물의 여러 얼굴을 읽으려한다. 우리가 인식하는 사물의 속성은 언제나 불완전해서 그 일부만 알 수 있을 뿐이다. 나머지 속성은 추상화를 통해서 이해할 수 있다.

예술가는 자연이 지니는 개별적 차이를 있는 그대로 느끼려

하고 자연과의 일회적 만남 속에서 정서적 충격을 받으려고 한다. 예술가에게는 자연과의 일회적 미적 체험이 아주 소중하다. 그리하여 예술가는 그 같은 일회적 순간에서 거꾸로 영원과 보편을 추구한다. 예술은 과학과는 다른 시각에서 자연을 바라본다. 예술가에 의해 미적 체험은 새로 창조되고 새로운 모습으로 그려진다. 자연 그 자체가 아니라 그것을 판단하는 인간에 의해서 자연의 아름다움이 인식되는 것이다. 모든 예술의 목적과 의도는 사물의 본질적 불완전성을 보완하려는 것이다. 예술은 상상 속에서만 존재하는 그 무엇을 표상해 구체화함으로써 우리에게 정신적 만족감을 준다.[1]

예술에서 추상화의 길은 필연적이다. 자연의 추상화는 예술에서 이른바 '틀 짜기framing'라는 방법으로 구현된다. 탐정수사극에서는 형사가 CCTV 화면을 통해 범인을 찾는 대목이 흔히 나온다. 처음에는 그냥 지나치다가 문득 특정 장면을 되돌려 보는데, 그 장면에서 화면을 확대해 그전에는 지나쳤던 부분에서 사건 해결의 결정적인 단서를 찾게 된다. 이때 확대된 부분이 바로 예술가가 사물의 관계를 바라보는 시각이다. 보통 사람이 지나치는 사소한 사물을 예술가는 예민하게 들여다보는 것이다. 다시 들여다보는 사물의 특정 부분을 통해서 세상과 사물의 전체적인 성격을 묘사하는 기법, 이것을 '틀 짜기'라고 한다.

틀 짜기는, 요컨대 제약이 없는 열린 주위 환경의 '맥락context에서 특정한 부분text을 잘라내는' 행위를 말한다. 즉 우리 주위의 모든 사물은 물론 예술 행위의 대상이지만, 예술가의 눈으로 볼 때 그중에서 특히 의미가 있다고 생각하는 부분을 강조하기 위해 이를 추출하는 과정이다. 여기서 말하는 환경은 역사, 사건, 인물, 지방, 지리, 산하山河, 복수, 자비, 원망 등 예술에서 관심을 갖는 그 모든 사물과 생각을 뜻한다. 틀 짜기는 세계를 전체로 바라보지 않고 부분을 통해서 전체를 조감하게 한다. 부분의 조합을 통해서 인식되는 전체는 물론 처음의 전체와는 같지 않다. 예술적 상상력은 이러한 틀 짜기에서 발생한다.

틀에 담기는 내용과 틀의 폐쇄성 정도에 따라 틀 짜기의 장르별 형식은 여러 가지다. 사진은 틀 짜기 기법을 주로 사용하는 대표적인 장르다. 사각의 틀frame 안에서 사물을 묘사하는 시각예술이기 때문이다. 틀을 통해 역설적으로 세상의 또 다른 얼굴을 보게 된다는 점이 사진 예술이 존재하는 이유일 것이다. 사진은 정해진 틀 속에서 대상의 숨겨진 의미를 재현한다. 그러므로 전체 맥락에서 어떤 부분을 선택할 것인지가 재현의 핵심 요소다. 순간순간 변화하는 자연미를 담으려면 작가는 틀 속에 원하는 장면이 들어올 때까지 끈기 있게 기다려야 한다. 그렇게 해서 완성된 경이로운 자연 사진을 보는 사람은 그것이

'찰나의 환상적 예술'이라고 말하지만, 정작 사진작가는 이를 오히려 일상적 장면의 극히 한 부분이라 이야기한다. 이는 사물을 바라보는 시각차 때문이다. 사진에서는 사각형의 틀이 매우 강력하다. 틀의 외부 세계는 절대 볼 수 없다. 그러므로 감상자는 오직 사각의 틀 속에서만 대상을 바라보게 되는데, 이는 작가의 의도대로 볼 수밖에 없다는 뜻이다. 게다가 사진 이미지는 보통 일반적인 모습을 담지 않는다. 대상을 자세히 들여다본다든지, 촬영 기법을 통해 이미지를 더 강하게 혹은 흐릿하게 묘사한다. 화면에서 비슷한 색상이나 형태는 가급적 생략한다. 그래서 재현된 사진 이미지는 현실보다 더 강한 호소력을 갖게 된다.

영화에서는 각 이미지가 여러 장면frame의 조합으로 구성된다. 각 장면은 틀 짜기를 통해 의도하는 이미지를 형성한다. 불필요한 것은 과감히 제거하고, 분위기를 연출하는 음향과 설명 narratives을 동원해 작가의 의도를 마음껏 표현한다. 그래서 시적 풍경과 회화적 풍경이 역동적으로 엮이면서 현실보다 더 진한 감동을 선사한다. 영화는 또 소리를 편집할 수 있으므로 오감을 통해 사물을 체험하는 과정에 강력한 호소력을 구사할 수 있는데, 이는 무성영화가 내용 전달에 한계가 있는 것을 보면 쉽게 이해할 수 있다. 영화는 상상의 세계를 우리에게 인도하는 강력한 미디어라고 할 수 있다.

문학에서는 시각적 틀과 달리 독자가 상상의 세계에서 마음속으로 설정하는 스토리의 경계로 틀이 짜진다. 특히 시는 시적 상상에 기초하기 때문에 틀이라기보다는 오히려 시적 심상의 층위라고 보는 것이 옳을지 모른다. 시와 소설에서 틀 짜기는 인물과 사건이 시간과 공간을 마음대로 넘나들면 설정되기 때문에, 상상의 틀은 그 속에 또 다른 틀이 중첩된다. 마치 그림에서 병풍 안에 또 다른 그림이 들어서는 것과 유사하다. 문학에서는 틀이 여러 개가 되면 오히려 그 자체로 독자에게 흥미를 준다. 스토리가 많아지기 때문이다. 그러나 사진, 영화, 원림 같은 시각예술 분야에서는 틀이 지나치게 많아지면 오히려 혼란을 불러오는데, 이는 현실의 재현이라고 보지 않고 오히려 상상에 기초하는 하나의 환상fantasy으로 인식하기 때문이다.

정원에서는 틀 속에 갇혀 있는 자연을 바라만 보는 것이 아니라, 공간으로 입체적인 체험을 한다. 정원에서는 조원가의 의도와는 다소 무관하게 구체적인 대상을 흥미 있게 관찰하기도 하고, 자신 속에 내재한 '개념적 틀conceptual frame'로 자연을 바라보기도 한다. 공간 체험에서는 이러한 과정이 끊임없이 교차된다. 정원에서 자연의 이미지는 하나의 장면이나 틀에 의해서 완성되지 않는다. 시각적 틀이 어떤 순서로 전개되느냐도 전체 이미지를 구축하는 데 매우 중요한 의미를 갖는다. 이것은 마치 영화에서 장면을 구성하는 방식과 매우 유사하다. 정원에서는 외부 세계와 구별되는 자연을 관찰자가 실제 움직이면서 앞뒤로, 멀리 혹은

권아람, 〈마음이 자라나는 플레이 가든〉
힐링 가든 17, 고양국제꽃박람회, 2014

가까이 구체적인 형상과 틀 속의 추상화된 그림으로 드나들면서 자연의 개념이 서서히 추상화된다. 자연을 바라보는 시각이 새롭게 채색되는 것이다.

힐링 가든에서 제시되는 틀은 하나다. 그러나 연못에서 틀은 두 가지다. 늘어진 벚꽃은 연못의 테두리로 틀 짜기가 돼 있고, 연못 속의 꽃잎은 그림자의 틀 속에 갇혀 있다. 작은 석가산石假山은 두 틀에서 동시에 나타난다. 이것이 실제 풍경과 추상화된 심상을 넘나드는 연결 고리다. '그림 속의 그림'을 볼 때와 같이 시각적 틀이 중첩되거나 틀 속에 또 다른 틀이 포함되면 보는 이의 마음에는 시각적 '환영' 효과가 발생한다. 정원에서는 틀

연못은 두 가지 다른 틀 짜기가 겹쳐서 상상력을 배가시킨다. 시적 회화적 풍경이
여기에서 교차하고 있다. 선암사, 2014

속의 틀을 자주 만난다. 그리하여 영화에서와 같이 환영과 실제라는 틀을 수시로 넘나들게 된다. 그 과정에서 공간을 심원深遠하게 느끼게 되고, 마음속에서는 회화적 풍경과 시적 풍경이 수시로 바뀌게 된다.

원림에서 틀 짜기는 자연의 특정 부분을 강조해서 다른 면모를 보게 한다. 즉 틀에 의해서 자연이 추상화된다. 평범한 장면이 시적 분위기로 바뀌기도 하고 그림으로 바뀌기도 한다. 이런 효과가 원림에서 교대로 나타나면 공간에 대한 개인의 느낌과 인상이 달라진다. 달리 채색되기 때문에 사물을 바라보는 생각, 즉 자연과 인간에 대해 종전에 갖고 있던 생각이 좀 더 풍부해진다. 다른 시각으로 사물을 보게 되는 것이다. 예술의 목적은 이렇게 사물의 얼굴을 달리 보게 하는 데 있다. 그런데 보통은 틀의 테두리가 분명해서 틀에 담긴 내용이 외부와 완전히 구분되지만, 때로는 테두리가 느슨해서 틀 속의 그림 이미지가 틀외부의 그림과 어울려 또 다른 이미지를 제공하기도 한다. 이때보는 이는 틀 속에 들어가기도 하고 틀 밖에서 전체의 맥락을인식하기도 하는데, 그 경계가 불분명해진다.

원림이 물리적으로 상당히 큰 규모가 되면 이렇듯 경계가 불분명한 틀이 자주 나타난다. 이럴 경우 원림에서는 경물을 첨가하거나 문자로 공간에 의미를 부여함으로써 틀의 내용을 더 강조하는 수법을 사용한다. 원림에서 틀을 만드는 목적은 그로 인해 공간이 더 많은 이야깃거리를 제공하기 위해서다. 그 이야기는 보는 이의 마음속에 있다. 각자가 자기의 스토리를 만들어간다. 틀 짜기는 그 기회를 제공하는 역할을 한다. 틀이 많아지면 이야기가 많아지고 공간을 이해하는 폭이 넓어진다. 이것을 시각적 층위가 많이 쌓인다고 하는데, 중국에서는 층차層次라고 한다. 영화에서 장면을 좀 더 세분함으로써 이미지를 역동적으로 만드는 수법과 흡사하다.

원림에서 틀에 관심을 갖는 것은 틀 짜기를 통해 자연미를 어떻게 인식하는지를 알 수 있기 때문이다. 원림은 곧 자연을 가두는 일이다. 담장으로 구획 짓는 것은 동서양이 다르지 않다. 그러나 틀 속에 만들어지는 자연은 나라마다, 원림마다 제각기 다른 형태로 나타난다. 동아시아의 원림에서 펼쳐지는 틀은 그 형태도 다양하거니와 내용, 즉 꽃과 나무 같은 자연 요소를 표상하는 방식도 사뭇 다르다.

중국 원림에서는 공간의 허虛와 실實을 상호 보완하는 한 가지 방법으로 억경抑境이나 누창을 사용하는데, 이는 원림에 깊숙한 느낌을 주기 위해 의도적으로 장애물을 설치해 내부를 감추는 수법이다. 억경은 장경障境이라고도 한다. 사람은 풍경을 한눈에 다 보지 못하고 얼마간 걸어간 후에야 비로소 갑자기 펼쳐지는 눈앞의 광경을 보고 황홀해한다. 생동하는 곳이나 아름다운 곳을 잘 드러내려면 먼저 감추고 그런 다음에 비로소 드러내는 것이다. 높이 들어 올리려면 먼저 억눌러야 한다는 사고방식이다. 감상자는 상상력을 최대한 발휘해보게 되는데, 이러한 과정을 통해 훨씬 함축되고 심오한 경지를 느낄 수 있다.[2]

이에 비해 누창은 사각형 또는 다양한 형태의 창을 담이나 벽에 뚫어놓은 것으로, 화창이라고도 한다. 감상자는 완전히 막힌 담이나 벽을 보다가 전혀 예기치 않게 담 건너편의 일부 경치를 누창을 통해 감상할 수 있다. 누창은 전혀 장식이 없거나 각종 모양의 창살로 장식한다. 꽃잎이 가장 흔하고, 나뭇잎, 거문고, 화병도 자주 나타난다. 누창은 그 자체로 아름다울 뿐 아니라, 경치가 가려지는 듯 보이는 듯해서 감상자는 눈만이 아니라 자신의 호기심을 충족시키는 모든 지식과 상상력을 동원하는 즐거움을 맛보면서 무한한 세계로 비상할 수 있다.

누창은 단순한 꽃잎이나 나뭇잎의 형태에서 시작하나, 여러 가지로 그 형태가 복잡하게 전개된다. 즉 꽃잎 속에 또 다른 나뭇잎을 넣는다거나 겹겹이 중복되는 누창의 틀을 통해서 꽃과 자연에 대한 접근을 여러 시각적 층위를 통해 달성케 한다. 공창空窓, empty window은 내부에 창살 등을 두지 않고 단지 바람이 자연스럽게 통하는 형식을 취한다. 사각형, 육각형, 팔각형,

여러 모양의 문과 누창.
중국 쑤저우 창랑팅滄浪亭

①쑤저우 주오정위안拙政園, ②상하이 분경박물관,
③쑤저우 창랑팅, ④쑤저우 이위안怡園, ⑤항저우 궈좡郭莊

매화형, 부채형, 꽃병형 등 형태도 다양하다. 동문洞門도 중국 원림 건축에서 독특한 요소이며, 주로 원림의 담장 등에 사용된다. 공창과 마찬가지로 여러 형태가 있으며, 원림에서 공간 사이를 매개하는 동시에 시각적 틀을 만드는 역할을 한다.[3] 창틀과 그 속에 담기는 꽃나무의 내용으로만 보아도 세 나라의 자연미에 대한 문화적 태도를 분명히 구별할 수 있다.

중국인의 이야기에는 언제나 굴곡이 많다. 사연과 사건이 끊임없이 중첩되고, 담백하고 직선적인 내용은 오히려 피하는 것이 보통이다. 누창도 예외가 아니다. 단순한 형태보다는 여러 가지 장식이 가미된 현란한 틀이 더 흔하다. 꽃과 나무를 통한 자연의 추상화는 누창의 형태와 밀접한 관계가 있다. 누창의 형태에 따라 그 속에 담기는 꽃나무의 자태가 달라진다. 누창의 모양이 꽃잎처럼 세부 형태가 화려하면 그 속에 틀 짜기 되는 실제의 꽃나무는 대체로 화려한 형태보다는 색상이나 질감을 강조하는 편이다. 즉 화려한 꽃이 틀 속에서 그대로 감상되게 하지 않는다는 의미다. 누창의 형식이 화려하고 구체적이면 담기는 꽃은 추상적인 형태를 취한다.

반대로 단순한 누창에 담기는 꽃나무는 사람의 눈길을 끄는 화려한 꽃잎이나 우아한 나뭇가지 같은 매우 구체적인 재료의 특징이 돋보이도록 틀 짜기를 한다. 실은 그리 크지 않은 중국 원림이 그 안에 이야기와 풍경이 많다고 느껴지는 것은 바로 이러한 틀 짜기의 효과 때문이다. 한국이나 일본과 달리 이러한 틀은 건물과 건물 사이나 담과 담 사이에 주로 위치하는데, 공간을 분리하고 때로는 분위기를 연결할 때 많이 설치한다. 한편 월문 속에 멀리 또 다른 틀이 보이고 그 너머 꽃나무가 보이면, 느껴지는 공간감은 실제보다 훨씬 멀고 깊어진다. 게다가 대문에 이름이 붙게 되면, 틀은 바로 시적 풍경과 회화적 풍경으로 바뀐다. 원림 속에서 물과 꽃, 나무와 그림자, 두꺼비와 담을 넘는 용틀임 그리고 틀 속에 다시 갇힌 틀 속의 단풍잎 등 계절마다 변하는 자연의 여러 장면이 이어져 있다. 이렇게 해서 곧 광대한 산수의 여러 얼굴을 작은 원림에서 모두 접할 수 있게 된다.

한국 원정에서 틀 짜기는 그 대상이 무엇이든 녹색의 자연뿐이다. 문틀 자체에 특별한 장식이 없고 바라보는 그대로의 자연을 감상하게 돼 있다. 변하는 것은 사시사철의 색깔, 바람, 안개 그리고 눈雪이다. 중국 원림에서 볼 수 있는 누창이나 화창 같은 요란한 장식이 없고 매우 소박한 맛이 있다. 틀의 모양이나 담는 내용이 모두 작위적이지 않다. 이것은 한·중·일 세 나라의 자연에 대한 태도를 비교해보면 잘 알 수 있다.

한국 원정에서 틀의 형태는 중국에 비해 단순하며 사각형이다. 가원의 누마루에서 바라보는 틀이 대부분이다. 이것은 정자

강원도 강릉시 선교장 활래정, 2009

에서 주위의 산수를 바라볼 때 형성되는 틀과 본질적으로 다르지 않다. 한국 원정에서 강력한 틀은 연못에서 볼 수 있다. 한국에서 연못은 특별한 이유가 없으면 모두 네모난 방지方池 형태인데, 중국과 일본에서는 이런 모양을 찾기 힘들다. 한국의 방지 형식은 매우 독특하고 독자성이 있다. 연못에 나타나는 풍경은 사시사철 계절에 따라 그 내용이 달라진다. 여름에는 연꽃이 한 폭의 그림이 된다. 가을에는 단풍 색깔이 물위에 그대로 비친다. 봄에는 흩날려 떨어진 벚꽃 잎이 물위에서 잔물결에 따라 회화적 풍경을 만들어낸다. 겨울에는 앙상한 나뭇가지 그림자가 눈얼음 사이로 모습을 드러낸다.

연못에 비치는 그림자는 마치 산수화를 땅에 눕힌 것과 같다. 연못의 틀 짜기로 자연의 실제 풍경과 그림자가 만드는 흔들리는 풍경이 동시에 눈에 들어온다. 그 효과로 시적 풍경과 회화적 풍경이 동시에 인식된다. 이에 비해 중국 원림의 연못에는 대부분 정자와 달빛 그리고 주위의 경물이 비친다. 그 느낌은 어디까지나 실제의 그것과 다르지 않다. 연못의 형태가 자연을 축소한 것이어서 틀로서의 역할을 다하지 못하기 때문이다.

한국의 연못은 강력한 네모난 틀이다. 그 속에 모든 자연이 추상적 의미를 띠고 나타난다. 연못은 주로 건물의 남쪽에 있어 누마루에서 바라볼 때 틀의 내용이 한층 더 깊은 맛을 낸다. 중국에서처럼 정자나 경물이 연못을 두고 서로 경치를 빌리는 대경對景 효과는 없다. 연못의 크기가 작기도 하려니와, 한국 원정에서 풍경 틀 짜기의 내용은 자연의 아름다움이며 건물이 중심이 아니기 때문이다.

누마루에서 바라보는 풍경의 틀 짜기는 기둥과 난간으로 이루어진다. 여기서 주목할 것은 난간의 시각적 효과다. 패턴이 지나치게 조밀하지도, 장식적이지도 않다. 풍경의 대상과 적절히 조화를 이루어 틀과 내용이 균형을 유지한다. 균제미均齊美는 한국의 전통 건축뿐만 아니라 원정에서도 확연히 나타난다. 소박한 균형감각은 한국인의 기본적인 미의식이다.

바다는 일본인에게 가장 큰 영향을 주는 자연이다. 일상생활에서 자연에 대한 의식은 대부분 바다와 관련이 있다. 그림에서도 격한 바다를 그린 것이 흔하다. 험한 바다와 연기가 오르는 활화산은 일상이고, 태풍과 지진은 항상 밀어닥친다. 이런 불안한 환경이니 차분하고 잔잔한 장소를 찾아 마음의 안정을 구하려는 것은 지극히 당연한 일일 것이다. 불교가 전래된 후 일본은 주로 사찰에서 명상과 좌선을 위주로 하는 선원仙園이 발달했다. 정원은 좌정坐靜을 위해 완전히 격리된, 오직 새소리만 들릴 뿐 정적의 공간이다. 여기서 자연은 사람을 영적으로 이끄는 통로다. 일본 정원에서 자연은 사람과 일정한 거리를 두는

기둥의 굵기와 난간의 간격에서 조화와 균형의 아름다움을 느낄 수 있다.
경상북도 김천시 방초정, 2013(위)
전라남도 담양군 서하당 부용정, 2013(아래)

일본 교토 시센도詩仙堂, 1996

태도로 처리된다.

일본 정원의 틀 짜기는 실내에서 바라볼 때 문틀에 맞게 한 폭의 그림처럼 잘라내는 방식이다. 방문 틀에 의해서 정원의 석물과 이끼 그리고 황홀하기까지 한 현란한 색깔의 단풍 등이 그림을 그려낸다. 일본 정원의 아름다움을 소개하는 달력, 관광 책자, 기타 각종 홍보물을 보면 흔히 이런 장면이 등장한다. 엔테이園丁(정원 따위를 관리하는 사람)는 항상 정원을 있는 그대로 유지하려고 한다. 낙엽이 떨어지면 끊임없이 걷어낸다. 이런 동작을 정원 행사로 광고하기까지 한다.

원림 풍경
연출

정관과 동관 : 풍경을 감상하는 자세

정자에서 흘러가는 구름을 바라보며 계류의 상쾌한 물소리를 듣고 새를 바라보면서 떨어지는 꽃잎에서 감흥을 느낀다. 여기서 이 모두는 움직이는 대상이다. 그런가 하면 낚싯배를 타고 유유자적 노니는 사람에게 언덕, 큰 바위, 울창한 수목 같은 것은 모두 정지해 있는 경물이다. 정원에서는 자연미를 대체로 두 가지 방식으로 체험한다. 실내에서 차를 마시면서 창틀 안에 들어온 바깥 풍경을 조용히 감상하는, 즉 움직이지 않고 정적인 상태에서 자연미를 읽는 방식이 있다. 이것을 정관靜觀이라 한다. 이와 대조적으로 원로를 따라 움직이면서 풍경을 감상하는 방식인 동관動觀이 있다. 정원의 자연미는 주로 정관과 동관으로 체험된다.[4]

작은 방에서 대체로 움직이지 않고 앉아서 그림을 바라볼 때는 정관의 상태에 있는 것이다. 일본 정원, 특히 차경원借景園에서는 대부분 방 안에서 마당의 자연을 감상하게 돼 있다. 작은 방에서 벽에 걸린 그림을 즐기는 것과 같다. 그러나 큰 원림 속에서 자연을 음미할 때는 마치 미술관에서 명화를 바라보는 것처럼 천천히 걸어가면서 이곳저곳에서 자연미를 접하게 된다. 중국 원림은 연못을 가운데 두고 정자와 회랑을 따라 여러 풍경을 감상하게 돼 있다. 즉 동관의 분위기에서 원림을 체험한다. 한국의 고전古典 원정은 당헌재실堂軒齋室의 누마루에서 주위 자연을 바라보는 경우가 많은데, 이 역시 정관의 상태에서 자연미를 감상하는 것이다. 그러나 별서에서는 걸어서 움직이는 경우가 대부분이다. 특히 영역 내에 풍경이 수려한 정자가 부근에 있어 그곳까지 일상생활의 행동 범위가 넓어지게 되면, 이 경우에는 주로 동관에 의해 자연을 체험하게 된다. 정관과 동관은 본질적으로 상대적인 개념이다. 그러나 정지의 뜻이 없는 움직임이 없듯이, 움직임 속에 머뭇거리는 정지 개념이 없는 동적 풍경 체험은 불가능하다. 한가하게 노니는 연못의 물고기가 바로 그 대표적인 예다. 명원名園에서는 예외 없이 동관과 정관이 서로 교차되면서 풍부한 자연미가 드러난다. 정관에서는 원림의 자연미를 대부분 감상할 수 있고, 그 정지 속에서 계절이 바뀌고 사람의 마음도 따라 변한다.

　정관과 동관이라는 시각적 체험은 동서양을 막론하고 공통으로 나타나는 원림의 공간적 체험 양상이다. 정관과 동관이 끊임없이 교차되면서 보는 이의 머릿속에 원림의 미가 입체적으로 재구성된다. 미적 체험은 본질적으로 개인마다 각각 다른 경로로 얻어지는 경험이다. 원림에서 체험하는 미의식은 그 내용도 물론 개인적으로 여러 가지다. 즉 정관과 동관이 회화적 풍경과 시적 풍경에 어떻게 작용하느냐에 따라 그 내용이 달라진다. 정관에서는 그림의 내용이 함축한 내적 가치가 풍부해야 보는 이가 지속적으로 관심을 갖게 된다. 이와 달리 동관에서는 마치 두루마리 그림을 펼쳐보는 것처럼 항상 특이한 관심 대상과 예술적 가치가 지속적으로 펼쳐질 때 보는 이가 단조로움이나 지루함을 갖지 않게 된다. 결국 시적 풍경과 회화적 풍경이라는 두 풍경 속에서 미적 체험의 내용이 생성된다.

환幻의 창출

중국 쑤저우에 가면 강남의 원문화를 자랑하는 현대식 원림박물관이 있다. 박물관 안으로 들어서면 마주 보이는 넓은 마당에 있는 산수 벽화가 눈길을 끈다. 마치 산수화를 보는 듯한 웅장한 산세를 사실적으로 보여주는 돌무더기群石가 흰 담장을 배경으로 배열돼 있다. 보는 이는 이 장면 하나로 강남의 유장悠長한 자연 산수를 그대로 느낄 수 있다. 원림은 어디까지나 산수에 그 뿌리가 있음을 보여주는 매우 상징적인 작은 공간이다. 작지만 그 속에는 중국 남부의 광대한 산하가 담겨 있고, 물에 비치는 깊은 산 그림자와 고요한 연못의 정적을 깨뜨리는 황금 잉어의 잔물결로 인해 보는 이는 순간 여기가 바로 또 하나의 선계인 듯한 착각 속에 빠진다. 말 그대로 한 폭의 완전한 산수화다.

석정石庭의 소재는 간단하다. 판석板石, 강자갈, 영지影池, 비단잉어와 수련이다. 판석은 모양과 색깔이 각각 달라서 지방 곳곳의 웅장한 산과 닮았다. 한편 작은 자갈은 색과 입자가 균등해서 마치 아득한 숲 속의 구름 같은 느낌을 준다. 산 그림자는 잉어가 일으키는 잔물결로 인해 끊임없이 흔들린다. 물결 따라 연꽃도 함께 움직인다. 흔들리는 산 그림자는 군산群山의 공간적 깊이를 한층 깊게 만든다. 멀리서 석정을 바라보면 처음에는 마치 산수 벽화를 보는 듯하다가, 점점 가까이 다가갈수록 장엄한 강남의 실제 산수를 보는 듯한 감동이 느껴진다. 좀 더 다가가면 돌무더기는 이미 단순한 돌로 보이지 않고, 산수화 속의 거대한 산과 강으로 인식된다. 돌과 물이라는 소재가 그림

시선이 멀리 산 윤곽에서부터 점차 자세한 산세로 옮겨감에 따라 돌무더기는
그 이미지가 산수화로 바뀐다. 중국 쑤저우 원림박물관 석정石庭, 2009

속의 산수로 바뀐 것이다.

산수화에서 먼 산을 바라볼 때 느껴지는 장엄한 산세는 석정에서는 입구에서 멀리 보이는 군산의 윤곽으로 읽을 수 있다. 즉 원경遠景이다. 산수화에서 흔히 나타나는 중경은 구름 사이를 헤치고 아래로 전개되는 낮은 언덕과 복사꽃 마을 등이다. 중경은 산수화에서 상·하의 경치를 연결해주는 역할을 한다. 반면에 석정에서는 보는 이가 벽면으로 다가갈수록 산이 중첩돼 보이고 각각의 산 모양이 중경으로 시야에 들어온다. 이윽고 시선은 신기한 느낌마저 주는 돌의 색과 무늬의 결에 멈춘다. 이때 돌무더기는 단순한 돌이 아닌 아름다운 군산의 이미지로 변한다. 사진에서 보는 석림은 이 장면에서는 이미 돌무더기가 아니고 그림에서 볼 수 있는 산수의 이미지로 바뀐다. 그 넓은 강남의 산하가 어쩌면 이렇게도 아름답고 신기한 모습으로 나타날 수 있을까, 하고 감탄하게 된다. 이 대목에 이르면 보는 이의 마음속에는 서정적인 정감이 발생하고, 한편으로 그 이미지는 시적 풍경으로 발전하게 된다.

여러분은 방금 읽은 글에서 필자가 사진 속 석정의 풍경 이미지를 순서대로 전개하고 있음을 간파했을 것이다. 그리고 글을 읽고 사진을 보는 과정에서 시적 그리고 회화적 풍경의 이미지 층위가 발생했을 것이다. 실제 원림에서는 대상을 직접 바라볼 때 생각과 의미가 전개되기 때문에 두 풍경의 이미지 층위는 더 복잡하게 형성된다. 문제는 돌무더기가 산수의 이미지로 바뀔 때 그 이미지의 실체는 어떤 것인가 하는 것이다. 또 이러한 층위가 발생하는 과정을 어떻게 더 세밀하게 해석할 수 있을까 하는 것이다. 이 모두가 조원가에게는 항상 고심할 수밖에 없는 연구 대상이다.

유럽의 여러 미술관에서 흔히 볼 수 있는 대리석으로 된 다비드 조각상은 많은 사람이 즐겨 감상하는 유명한 고전 미술품이다. 어떤 이는 다비드 조각상의 대리석 무늬와 질감을 자세히 들여다보고, 어떤 이는 다비드의 얼굴을 물끄러미 바라보곤 한다. 그들이 속으로 무슨 생각을 하는지, 어떤 느낌과 인상을 받는지는 알 수 없다. 그러나 그 조각상에서 대리석 돌덩어리가 아닌 다른 성질, 즉 인간 다비드의 성격이나 인상, 고뇌와 순수함 같은 다양한 내면적 얼굴을 읽고 상상하고 있음은 틀림없다. 이와 같이 대리석덩어리에서 대리석이 갖지 않은 다른 성질(여기서는 다비드라는 인간의 성격)이 나타나게 될 때 우리는 이러한 현상을 예술적 창조 혹은 재현再現이라고 말한다. 이러한 성질은 하나의 물리적 대상을 상징·표상·디자인·표현·의미·스타일 등을 통해 '어떤 의미'로 해석하는 과정에서 생겨난다. 그리고 특정 사회에서 '문화적'으로 공유된다는 특징이 있다. 앞서 석림의 배열이 산수화로 인식됐다고 하는 것은, 달리 말하면 석림이 돌이라는 본래의 성질과는 다른 '산수'라는 의미를 표상하는 성격을 갖게 됐다는 뜻이다. 그러한 산수의 개념은 동양 산수화를 통해 동북아시아의 문화 속에 폭넓게 공유되고 있다.

연령에 관계없이 판타지 영화를 즐기는 것은 본질적으로 그 영화가 갖는 환상적인 분위기 때문일 것이다. 현실에서는 불가능한 일이 언제나 가능하기에 사람들은 영화를 통해 대리만족한다. 음악에서 환상곡은 형식에 얽매이지 않고 자유롭게 감정이 흐르는 대로 연주하기 때문에 신선한 감동을 준다. 동양 산수화에는 '그림 속의 그림'이라는 시각적 효과가 있다. 그림 속의 사대부는 방에 앉아서 마당에 핀 꽃을 바라보고 있다. 그의 등 뒤에는 병풍이 쳐져 있다. 그 병풍 속에 다시 작은 원림이 있고 꽃나무가 그려져 있다. 그 속에 다시 병풍이 있고 비슷한 내용이 다시 담겨 있다. 이렇게 되면 보는 이는 잠깐 동안 현실과 그림 속의 풍경을 구별하는 데 혼란이 생긴다. 그래서 생각이 상념의 세계로 들어가게 되는 '환'의 효과를 체험한다. 중국의 고대 문헌에서는 사람을 속이는 이러한 이미지나 이와 유사한 이미지를 환이라 했다. 환에는 서로 다르지만 내적으로 연관된 세 가지 뜻이 있다. 환은 '일루전illusion', '환영幻影', '일루저니즘illusionism', '환각', '마술적 변형' 등으로 표현할 수 있는데, 이는 환의 박진성迫眞性을 의미한다. 보는 이는 사물이나 공간을 현실처럼 느끼지만, 어디까지나 그것이 그림이라는 사실도 분명히 안다. 그러므로 여기서 기초가 되는 개념은 '환'과 '진眞', '사실' 또는 '사실성'이라는 이원론이다. 이때 환이 있는 회화의 이미지는 사실을 반영하며, 그래서 사실과 반대된다. 한편 환은 이러한 구별에 혼란을 주고, 동시에 이를 없앤다. 화가는 어떤 매체나 기교를 이용함으로써 보는 이의 눈뿐 아니라 마음까지도, 적어도 일시적으로는 속일 수 있기 때문이다. 그래서 보는 이는 그려진 것을 진짜로 믿는다.[5] 이러한 환의 현상에 대한 고사故事는 매우 많다.

중국 오나라의 통치자 손권孫權은 화가 조부흥曹不興에게 자신의 궁전에 있는 병풍을 장식하라고 명했다. 화가는 어쩌다 먹물을 병풍의 흰 비단 위에 떨어뜨리는 실수를 저질렀는데, 그는 얼른 이것을 파리의 모습으로 바꾸어 그렸다. 조부흥의 작품을 보러 온 손권은 병풍에서 이를 털어내려고 했다. 이 일화는 화가의 기교와 재치를 강조하고 일루저니즘이 무엇인지 말해준다. 다시 말해서 그것은 표면과 이미지의 분리와 상호작용이다. 손권이 본 것은 파리가 아니라 '흰 비단 위에 앉은 파리'였던 것이다. 조부흥에게 병풍은 전혀 신비한 것이 아니며, 그는 단지 빈 배경에 파리를 그렸을 뿐이다. 이와 반대로 손권은 파리로

'그림 속의 그림' 효과는 원림에서 자주 사용하는 연출 기법이다.
그림 자체에 그림을 넣기도 하고, 틀 짜기를 통해 그 효과를 연출하기도 한다.
중국 우시 지창위안寄暢園

인해 혼동을 일으켰을 뿐만 아니라 '그리지 않은' 채 제시된 병풍에도 속았다. 병풍은 '가리고', '분할할' 뿐만 아니라 네모난 틀로 안이나 밖에 있는 기호를 틀 짜기 한다. 비록 화가와 관람자는 병풍을 전혀 다르게 이해했지만, 두 사람 모두 표면이라는 개념을 가지고 있었고 병풍을 회화 매체로 접근했다.[6]

'병풍 속의 병풍'을 통해 화가는 가능한 모든 수단을 이용해 병풍 앞의 장면과 병풍 안의 장면을 현실처럼 보이게 했지만, 동시에 그는 이 두 장면을 딱딱한 병풍 틀로 나누어 틀 안의 집 안 장면이 그림에 불과하다는 사실을 보는 이에게 상기시킨다. 관람자는 처음 보았을 때의 혼란을 극복하고 났을 때 그것이 그림이라는 더 큰 환상일 뿐이라는 사실을 잊어버리게 된다. 그는 자기도 모르게 병풍 앞에 묘사된 인물과 물체를 현실 세계의 한 부분으로 보이게 만든 화가의 수사법을 받아들인 것이다. 그리하여 완벽한 '환'이 완성된다.[7]

원림에서 걷는다든지 움직이면서 그림 같은 풍경을 계속 바라보게 되면 어느 순간 보는 이는 현실감을 상실할 때가 있다. 중국 원림에서도 회랑을 걷다 보면 어느 순간 틀 속의 자연이 마치 안개 속의 환상 세계로 보이곤 한다. 시각적 환상에 의한 착각, 환의 현상이다. 원근감에 혼란이 생기고 시각적 층위가 중첩되면 한순간 실제 자연을 잊어버리고 상상의 세계로 빠지기 쉽다. 이러한 시각적 환상은 구체적으로 꽃을 바라볼 때 특히 자주 나타난다. 예를 들어 화원에서 절굿대나 마늘, 유채 같은 소재는 많이 심으면 그 꽃을 보는 사람이 한순간 공간의 깊이를 가늠할 수 없게 된다. 즉 꽃이 실체로 보이지 않고 순간 공허한 상상의 공간으로 인식된다. 조원가는 이러한 효과를 자주 이용한다. 밝고 어두운 숲을 자주 드나들기도 하고 틀 짜기를 통한 텍스트의 분리를 경험하다가, 문동門洞(대문에서 집 안으로 통하는 지붕이 있는 통로)을 지나면 다음 순간 별천지가 펼쳐진 것 같은 비일상적 층위가 중첩되면 환이 자주 발생한다.

시간 속의 경물

중국 쑤저우 왕스위안의 밤, 거문고 소리가 아직도 귀에 생생하다. 화사하게 화장을 한 악사가 악기를 조용히 연주하고 있었다. 때는 가을밤, 달빛은 물 위에 잔잔히 떨리고 괴석 그림자는 더 무섭게 흔들렸다. 낮에 그렇게 고왔던 단풍잎도 그저 물그림자로 떠다닌다. 물가의 정자마다 비치는 은은한 불빛 속에 경극 배우가 무표정한 얼굴로 상대를 쳐다보고 있다. 대금 소리에 실린 이야기꾼의 익살이 물가 여기저기서 들린다. 그때 나는 알았다. 낮 동안 무표정했던 돌무더기 하며 외로운 분경이 밤이 되면 움직이는 그림자로 되살아나 우리 삶처럼 음률 속으로 유유히 흘러간다는 것을….

원림에는 여러 가지 경물이 있다. 한국 원정에서는 흔히 석탑이나 물레방아를 볼 수 있다. 중국 원림에는 괴석이 꼭 배열된다. 괴석은 글자 그대로 괴이한 모습의 돌이다. 자연에서는 찾기 힘든, 사람이 만든 괴이한 모양이다. 예술작품에서 우리는 추한 형태와 형식을 가끔 접하게 된다. 예를 들어 서화에서는 졸렬한 필체, 시문에서는 요체拗體, 그림에서는 도석화道釋畵에 많이 나타나는 괴기한 신인神人이나 나한羅漢, 연극에서는 곱사춤 등에서 볼 수 있다. 절름발이, 꼽추, 언청이까지 많은 사람의 사랑과 추앙을 받는 것은 그들이 지닌 내면적 미에 의거하는 것이라고 장자는 주장한다. 참다운 미는 형체의 외모에 있는 것이 아니라 내재하는 인격, 정신과 이상에 있다고 보는 것이다.[8]

그런가 하면 일본 정원에서는 예외 없이 석등과 대나무 음수대가 나타난다. 이런 경물은 물소리를 내거나 조명으로 정원의 밤 분위기를 그윽하게 해준다. 일본 정원에서 석등은 좁은 마당에서 원경과 근경을 이어주는 중경의 요소다. 또 저녁 무렵 방문자에게 접근을 유도하는 안내등 역할을 한다. 경물은 공간의 성격이나 분위기를 결정한다. 꽃나무가 시적, 회화적 풍경을 인식하도록 해준다면, 경물은 그러한 분위기나 이미지를 좀 더 강

중국 주오정위안, 2011

충청남도 아산시 외암리 영암 댁, 1998 (위)
일본 도쿄 정원박물관, 1995 (아래)

조하는 기능을 한다. 특히 밤 분위기에서 조명의 역할이 중요하듯이, 경물을 통해 낮과 밤의 분위기가 전혀 다르게 바뀌기도 한다.

그러나 원림에서 경물은 무엇보다도 '세월을 느끼게' 하는 시간 기능이 가장 중요할 것이다. 경물을 통해 우리는 삶이라는 긴 세월의 흐름을 다시 생각하게 된다. 경물을 통한 시간의 상징적 의미도 세 나라가 각각 다른 방식으로 표현한다. 한국 원정에서는 물레방아 같은 동적 요소를 사용해 끝없이 돌고 도는 세월의 흐름을 표상한다. 일본 정원에서는 이끼나 돌같이 변하지 않는 경물의 상황을 그대로 유지함으로써 유구한 시간의 흐름을 표현한다. 중국 원림에서는 분경을 통해 세월의 흐름이 돌과 수목에 작용한 결과를 보이는 방식으로 시간적 의미를 달리 표상한다.

한 개인으로 볼 때도 나이에 따라 인생관이 바뀌고 그때마다 바라보는 경물의 의미는 달라지게 마련이다. 경물은 쉽게 사라지는 꽃나무와 달리 상당한 시간 동안 변하지 않고 그대로 쌓인다. 경물은 시간의 나이테다. 그래서 경물을 통해 작정作庭의 시기와 작정자의 가치관을 읽을 수 있다. 동북아시아 세 나라의 정원 철학에는 '오래된 것은 좋은老 것'이라는 생각이 깔려 있는 것이다.

중국 항저우의 분경박물관 입구에는 오래된 배롱나무 분경이 한 그루 있는데, 중국인 관광 가이드는 그 앞에서 분경의 역사에 대해 자랑한다. 먼저 이 분경이 얼마나 오래된 것인지 방문객에게 물어본다. 물론 모두 어리둥절해한다. 500년이나 됐다고 한다. 그 자랑하는 가이드의 얼굴 표정이 눈에 선하다. 이 말을 듣던 일본 분재 견학단이 입구에서 그냥 되돌아갔다는 일화가 있다. 사실 여부를 떠나서 중국인의 과장도 이 정도면 가히 예술적이다. 사실 기술적으로는 분경을 그렇게 오랜 시간 계속해서 유지할 수 있다고 한다. 어쨌거나 중국의 분경 역사가 오래됐다는 것을 방문자에게 확실히 각인시키기 위함일 것이다.

분경은 동아시아 세 나라에서 공통으로 나타나는 경물이다. 작은 경물에서 거대한 산수를 느끼고자 하는 태도는 동북아시아의 세 나라가 모두 같다. 분경은 원림에서 공간의 시간적 의미를 표상한다. 분경은 산수화를 그리는 태도로 공간에 연출된다. 분경은 물론 '원遠과 유현幽玄'이라는 분위기를 원림에 표현하는 수단으로 사용된다. 자연의 산수 그대로를 작은 분경에서 느끼고자 하는 것이 분경 연출의 목적이다. 한국이나 일본과 달리 중국 원림에서는 독자적인 장소를 택해 분경원을 조성하는 예가 많다. 분경원에 들어오면 지금까지 본 갖가지 원림의 풍경은 사라지고 오직 멀고 깊은 산수만이 시야에 들어온다. 그 속에서 산수를 유람하며 보았던 경승景勝이 다시 기억으로 떠오른다.

분경원은 원림 속의 원림이다. 그 속에는 계절이 없고 유구한 세월의 흐름만 있다. 가까이 바라보는 분경을 통해 머나먼 산하를 느낄 수 있고, 정자에 들어가 머릿속에서 광활한 산수를 상상할 수 있다. 분경을 바라보는 시각적인 원근감에 따라 공간 체험의 내용이 정해진다. 분경에서 공간적 깊이는 동양 산수화에서 원근감을 표현하는 방식과 유사하게 연출된다. 동양 산수화에서는 바라보는 시점에 따라 대상의 세밀한 정도를 달리 표현한다. 즉 원경을 표현하려면 대상을 매우 거칠게 묘사하고 상세한 부분은 거의 생략한다. 먼 산속 산사의 승려는 그저 그 형체만 겨우 알아보게 그린다. 하지만 근경에서는 사람의 얼굴이나 다리 모습을 식별할 수 있게 표현한다. 그 사이는 안개나 구름 등으로 희미하게 비운다. 이런 방식으로 멀고 가까움을 시각적으로 나타낸다.

분경은 작은 경물을 통해 심원深遠한 산수의 아름다움을 느끼게 하는 것이 본래의 목적이다. 그러므로 분경 전시에서 가장 중요한 것은 보는 이로 하여금 '작은' 경물에서 실제 산수에서와 같이 '크나큰' 자연의 공간감을 그대로 체험하게 하는 것이다. 분경이 단순한 벽면이나 강력한 시각적 틀 속에서 전시된다면 분경을 통한 공간의 '유현'을 달성하기 쉽다. 즉 산만한 주위 배경context에서 분리된 분경의 독자적 형상text이 돼야 그 이미지가 시적 풍경이라는 환영으로 전환되기 쉽다는 의미다. 분경을 통해 하나의 서사적 혹은 서정적 심상을 표상하려면 분경이 주위의 배경에 영향을 받지 않고, 틀 짜기를 통해 부분이 별개의 의미를 갖는 미적 대상으로 추출돼야 한다는 조건이 필요하다.

원림은 인간의 우주에 대한 이상을 예술적으로 표현하는 하나의 심미적 수단이다. 고대부터 중국의 통치자는 원림을 지상의 신선세계로 건설하고자 했다. 중당中唐 이전의 고전 원림은 황실 원림 위주의 광대한 규모로 조성됐는데, 통치자는 그 안에 하늘과 땅에 존재하는 모든 사물을 빠짐없이 채우고자 했다. 그것은 근본적으로 원림을 통해 무한한 우주를 체현하고자 한 것이다. 그러나 봉건제하에서 민가는 그와 같은 대규모 원림을 조성할 수 없었다. 그래서 민가의 원림에서는 점차 작은 규모 안에 거대한 자연을 끌어들이는 수법이 발달하게 된다. 즉 협소한 원림 공간에서 거대한 예술 공간을 창조하는 것이다. 원림의 경물 속에서 우주 본체와 그것의 무궁한 변화를 볼 수 있고, 미세한 경물을 통해서도 완전하게 우주 본체 속으로 들어갈 수 있는 심미적 체험에 이를 수 있다고 생각했다.

풍경 대위법

여행 다큐멘터리 〈시칠리아Sicilia!〉에서는 아름다운 섬 풍광이 끊임없이 전개된다. 태양이 작열하는 눈부신 바닷가에서 음악이 영화 〈대부〉의 주제가로 바뀌면 장소는 포도원이 있는 수도원으로 옮겨간다. 배경 음악은 칸초네풍으로 흐르다가 시선이 올리브 밭을 지나 마을 성당 안으로 들어가면서 돌연 푸치니의 오페라 아리아로 바뀐다. 해설자는 장면마다 사건과 인물, 음식과 포도주에 대해 끊임없이 말한다. 그림 같은 풍경을 바라보면서 의식은 장면을 넘어 음악 속으로 흘러들어간다. 바람에 흔들리는 라벤더 언덕에 오르면서 감상자는 순간 그림과 음악, 사건과 자기만의 기억이 뒤섞여 시적 풍경 속으로 들어간다. 그렇게해서 한동안 그림 같은 풍경이 하염없이 흘러간다. 문득 눈길을 끄는 장면에 시선이 간다. 그림 속의 현실로 되돌아오는 것이다. 다시 스토리를 읽고 사건과 풍경을 결부시킨다. 영화 장면 속 마을과 바닷가에서 들리는 음악은 곧이어 음률이 있는 낭송으로 이어진다. 그 속에서 마을 사람의 모습과 동네 축제 장면이 창밖에 걸린 '재스민' 향기 속으로 사라진다. 화면은 음악에서 이야기로, 다시 그림 속으로 그 흐름을 계속 이어 나간다. 이렇게 시적 풍경과 회화적 풍경이 끊임없이 바뀌면서 시칠리아의 풍광은 보는 이에게 전혀 다른 여행의 진정한 의미를 생각하게 하고, 또 다른 하나의 '삶의 풍경'으로 다가온다. 이는 흐릿한 과거의 인상을 새로운 기억으로 다시 채색하는 것이다.

그러나 영화에서 느끼는 입체적인 감흥은 실제 풍경을 체험하는 것과는 본질적으로 다르다. 우선 실제 풍경은 영화처럼 정교한 틀 짜기로 시야에 들어오지 않는다. 장면마다 느낌을 강조하는 배경음악도 없다. 가끔 영화 장면처럼 절제된 풍경이 나타나기도 한다. 그러면 보는 이는 잠깐 서서 풍경을 물끄러미 바라보거나 사진을 찍는다. 정관의 상태에서 회화적 풍경에 몰입하는 것이다. 이때가 서정성을 느끼게 되는 순간이다. 그러고는 다시 움직인다. 계속해서 동관의 상태에서 풍경은 지나간다. 원림은 본래 좁은 공간이어서 다 돌아보는 데 그리 오래 걸리지 않는다. 비교적 짧은 시간 안에 여러 장면이 머릿속에 중첩될 수밖에 없다. 그러므로 영화에서 볼 수 있는 다양한 감흥을 원림에서 느끼려면 오감을 자극하는 총체적 공간 연출이 뒤따라야 한다. 시적 풍경과 회화적 풍경이 적절한 간격으로 서로 간섭하면서 공간에서 연출될 때 하나의 통합된 원림의 인상이 기억 속에 남는다. 이렇게 풍경이 서로 엇갈려가면서 또 다른 새로운 풍경이 만들어진다. 그 엇갈리는 과정을 보면 마치 서양음악의 기법 중 하나인 대위법對位法을 보는 것 같다.

유명한 슈베르트의 가곡 〈음악에An die Musik〉의 악보를 보면, 처음 두 마디 피아노 도입부에서도 화성적인 반주를 담당하는 오른손 부분이 대위법적으로 진행되고, 오른손과 왼손의 관계 역시 대위법적으로 연주하게 돼 있다. 셋째 마디부터 등장하는 노래 부분 역시 피아노 반주와 대위법적으로 진행된다. 피아노 반주와 노래 부분도 서로 선율을 주고받고 오른손과 왼손의 연주도 서로 선율을 주고받는, 그야말로 완전한 대위법 구조 속에 노래가 펼쳐진다. 음악을 들으면 보통 기억 속의 어떤 대상과 관련해서 상상이나 연상을 하게 된다. 그러한 상상은 새로운 이미지로 채색돼 자기만의 기억 속에 자리 잡는다. 기억이 확대되는 과정에서 듣는 이는 새로운 감동을 지적으로 체험하고, 그 아름다움을 재발견한다. 여기서 '지적'이라는 의미는 듣는 이가 청각을 통해 아름다움을 느끼는 감성적인 범위를 넘어, 새로운 지평의 감동과 서정을 이성적으로 체험하는 것을 말한다. 사물을 인식하고 상상하는 감성과 이해의 논리적 외연을 음악을 통해 넓혀가는 것이다. 노래하는 가수, 반주하는 피아니스트, 공연을 즐기는 청중 그리고 자신의 작품을 직접 듣는 작곡가는 각기 다른 상상과 감흥 그리고 자신만의 새로운 '음악적 체험'을 쌓아간다. 이 모든 것이 음악을 통한 지적 즐거움이다. 이렇게 대위법은 음악의 지적 즐거움을 체험하는 과정에 매우 유용한 수단이다.

작곡가 바흐는 대위법의 대가였다. 바흐의 교회음악에서 절정을 이룬 '푸가fuga'는 대위법으로 음악 세계를 완벽하게 표현하는 대표적 음악 형식이다. 성부聲部에 따라 주제 선율이 먼저 나가면 나머지 성부는 반주를 하면서 조용히 다음 차례를 기다린다. 그러다가 다른 성부에서 주제를 이어받아 반복한다. 계속 규칙적으로 반복하면서 선율이 조금씩 변한다. 듣는 이는 규칙성 속에 서서히 변화하는 선율을 들으면서 자기만의 새로운 음악적 의상意象을 체험한다. 일반적으로 성부 간의 모방은 인간의 청각에 지적 기쁨을 준다고 한다. 더 깊고 더 넓은 음악적 느낌feeling을 갖게 될 때 감성과 지적 경험이 더욱더 풍부해진다. 자연은 원래 매우 규칙적이다. 그러면서 서서히 변화한다. 급하지 않으면서 반복하되, 지루하지 않게 조금씩 변화한다. 사람들은 그러한 과정을 자연스럽다고 생각한다. 사람들이 꾸준히 바흐의 음악을 좋아하는 이유는 아마도 그의 음악이 매우 '자연적'이기 때문이 아닐까.

원림에서 서로 다른 생각과 이미지(여기서는 시적 풍경과 회화적 풍경)가 교차해 가면서 통합된 또 다른 아름다운 이미지를 만들어가는 과정이 대위법적 사고방식이다. 대위법은 원림에서 두 개의 풍경을 연출할 때도 그대로 원용援用할 수 있다. 조원가는 원림에서 풍경을 연출하는 과정에 대위법적인 표현 방식을 교묘히 사용한다.

　원정에서는 시와 그림, 사진과 달리 실제로 모든 사물을 볼 수 있다. 그러므로 간격을 설정하고 부분을 생략하려면 시적 풍경과 회화적 풍경을 교차시키면 된다. 그러면 바라보는 이가 공간을 복합적으로 인식하고 개념화한다. 원정에서는 경물이 모두 펼쳐져 있으므로 보는 이가 모든 경물을 다 본다고 생각하기 쉽다. 그러나 실제로 보는 이는 자기가 선택한 대상을 중점적으로 바라보기 때문에 다른 풍경이 눈앞에 펼쳐져 있어도 초점을 두지 않으면 보이지 않는다. 바라보는 대상 외에는 생각하지 않기 때문이다. 공간 연출은 바로 이 점을 이용한다. 건너뛰기와 모호한 중간을 설정하는 것이 풍경을 연출하는 핵심 수법이다.

세 나라의
원림
이야기

동아시아의
원문화

동아시아 세 나라의 원문화는 기본적으로 한자문화라는 공통점에서 출발한다. 이것은 부인할 수 없는 사실이다. 한자를 기반으로 시와 회화 그리고 서예가 발전했고, 그것은 특히 각 나라의 원문화에 직접적인 영향을 주었다. 이에 대한 충분한 식견 없이 세 나라의 원문화가 가진 특질을 이해하기란 사실상 어렵다. 세 나라의 원문화에 크게 영향을 끼친 공통적인 요소는 아마도 '귀거래歸去來', '몽유도원夢遊桃源', '시화서일률론詩畵書一律論' 그리고 '유儒·불佛·선仙'이라는 사상적 신념일 것이다.

귀거래, 언젠가는 돌아가리라!

중국 육조六朝 시대의 대표적 문인으로 〈귀거래사歸去來辭〉를 지은 도연명陶淵明은 젊은 시절 관직에 나아갔으나 관직 생활이 맞지 않음을 깨닫고 41세에 스스로 물러나 일생을 고향에서 은거한 것으로 알려져 있다. 〈귀거래사〉는 그가 고향에 은거하면서 지은 것으로, 직접 농사짓고 전원을 거니는 삶에서 느끼는 자족감과 초월적인 정신세계 그리고 자연의 흐름을 따라 살겠다는 인생관이 나타나 있다. 시는 평이한 표현 속에 삶의 깊은 의미를 담아냈다는 평을 받았으며, 당唐대 이후 수많은 문인이 즐겨 읊고 시작詩作의 모범으로 삼았다. 부귀나 명예와 같은 세속적인 유혹을 뿌리치고 귀향을 실천한 굳은 의지와 은사隱士로서 지조를 지키려 한 곧은 정신 그리고 달관적인 인생관 등이 후대인에게 깊은 감명과 존경심을 불러일으켰다. 〈귀거래사〉는 물론이고 〈귀거래도歸去來圖〉는 이러한 배경으로 그려지기 시작했고, 한국과 일본의 은일隱逸 문화에 큰 영향을 미치게 된다.[1]

〈귀거래사〉는 귀향의 전통과 선비의 은일생활을 촉발했고 〈귀거래도〉를 통해 귀향이라는 일상생활의 장면을 표현함으로써 은사의 생활방식을 상징적으로 표상하게 됐다. 결국 귀거래는 은일을 상징하는 뜻으로 사용됐고, 이것은 자연에 대한 사대부의 의식과 은거라고 하는 가치관의 기초가 됐다. 동양인이라면 일생에 한 번쯤은 조용히 읽어볼 필요가 있을 것이다.

돌아가자	歸去來兮
논밭이 황폐해지고 있거늘 어이 아니 돌아가리	田園將蕪胡不歸
지금껏 스스로 마음을 육신의 노예로 부렸으니	旣自以心爲形役
어찌 홀로 근심하고 슬퍼하는가	奚惆悵而獨悲
지난일 돌이킬 수 없음을 이미 알았으니	悟已往之不諫
앞으로 일은 올바로 할 수 있음도 알았도다	知來者之可追
길이 어긋났으나 실제로 멀어진 건 아니니	實迷途其未遠
잘못된 지난 것들 이제부터라도 바르게 하리라	覺今是而昨非

배는 흔들흔들 가볍게 흔들리고	舟遙遙以輕颺
바람은 훨훨 불어 옷자락 날린다	風飄飄而吹衣
지나가는 사람에게 갈 길 물어야 하니	問征夫以前路
새벽빛 희미한데 한숨이 절로 나지만	恨晨光之熹微
저만치 집이 바라다보이니	乃瞻衡宇
기쁜 마음에 뛰듯이 집으로 간다	載欣載奔
어린 하인들 모두 나와 반가이 맞이하고	僮僕歡迎
자식들은 문 앞에서 나를 기다리고 있다	稚子候門
세 갈래 오솔길엔 잡초 우거졌어도	三徑就荒
소나무와 국화는 옛날 그대로 남아 있다	松菊猶存
어린 아들 손잡고 방으로 들어서니	携幼入室

술통엔 술이 가득 나를 반긴다   有酒盈樽

술병과 술잔 끌어당겨 자작하면서   引壺觴以自酌

뜰 앞 나뭇가지 바라보며 지그시 미소 짓는다   眄庭柯以怡顏

남쪽 창에 기대어 거리낌 없이 있노라니   倚南窗以寄傲

좁은 방이지만 편하기 그지없다   審容膝之易安

원림은 매일 거닐어도 풍치가 있고   園日涉以成趣

문은 있으되 늘 닫아둔다   門雖設而常關

지팡이 짚고 다니다가 앉아 쉬기도 하고   策扶老以流憩

때로는 고개 들어 먼 곳을 바라본다   時矯首而遐觀

무심한 구름은 산골짝을 돌아 나오고   雲無心以出岫

날다 지친 새는 둥지로 돌아온다   鳥倦飛而知還

해는 뉘엿뉘엿 넘어가려 하는데   景翳翳以將入

외로운 소나무 쓰다듬으며 홀로 서성거린다   撫孤松而盤桓

돌아가자   歸去來兮

사귐도 어울림도 이젠 모두 끊으리라   請息交以絶遊

세상과 나는 서로 어긋나기만 하니   世與我而相違

다시 수레를 몰고 나간들 무엇을 얻겠는가   復駕言兮焉求

친척 이웃들과 기쁘게 이야기 나누고   悅親戚之情話

거문고와 글 즐기니 근심이 사라진다   樂琴書以消憂

농부들 나에게 봄이 왔음을 알려주니	農人告余以春及
서쪽 밭에 나가서 할 일이 생겼다	將有事於西疇
때로는 천막 친 수레를 몰고	或命巾車
때로는 외로운 조각배 노를 젓는다	或棹孤舟
깊고 굽이진 골짝도 찾아가고	既窈窕以尋壑
험한 산길 가파른 언덕길을 오르기도 한다	亦崎嶇而經丘
물오른 나무들 싱싱하게 자라나고	木欣欣以向榮
샘물은 퐁퐁 솟아 졸졸 흘러내린다	泉涓涓而始流
만물은 제철을 만나 신명이 났건마는	善萬物之得時
이제 나의 삶은 휴식년을 절감한다	感吾生之行休
아서라	已矣乎
세상에 이 내 몸 얼마나 머무를 수 있으리오	寓形宇內復幾時
가고 머묾은 내 마음대로 되는 것 아닌데	曷不委心任去留
무엇 위해 어디로 그리 서둘러 가는가	胡爲乎遑遑欲何之
부귀영화는 내 바라는 바 아니었고	富貴非吾願
신선 사는 곳도 기약할 수 없는 일	帝鄉不可期
좋은 시절 바라며 홀로 나서서	懷良辰以孤往
지팡이 세워두고 김매고 북돋운다	或植杖而耘耔

동쪽 언덕에 올라 길게 휘파람 불어보고   登東皐以舒嘯

맑은 시냇가에 앉아 시도 지어본다   臨淸流而賦詩

이런 천명을 즐겼거늘 다시 무엇을 의심하리   聊乘化以歸盡

〈귀거래도〉는 도연명이 지은 〈귀거래사〉를 회화화한 것이다. 〈귀거래사〉를 바탕으로 한 〈귀거래도〉는 도연명의 귀향 장면을 비롯해 그가 전원에서 살아가는 모습이 중심 내용을 이룬다. 전문을 표현한 경우에는 전체 내용을 여덟 개의 화면으로 구성하는 경우가 많다. 각각의 화면에 표현되는 내용 역시 정형화돼 있다. 제1폭은 귀로에서 만난 나그네에게 길을 묻는 〈문정부問征夫〉, 제2폭은 배를 타고 고향으로 돌아오는 〈치자후문稚子侯門〉, 제3폭은 홀로 술을 마시는 〈인호상引壺觴〉, 제4폭은 원림에서 산책하는 〈원일섭園日涉〉, 제5폭은 소나무를 어루만지는 〈무고송撫孤松〉, 제6폭은 강물 위에서 뱃놀이하는 〈도고주棹孤舟〉, 제7폭은 김매는 〈식장운자植杖耘籽〉, 제8폭은 언덕에 올라 휘파람을 부는, 혹은 개울가에서 시를 읊는 〈임류부시臨流賦詩〉다.

겸재謙齋 정선鄭敾의 〈귀거래도〉 역시 여덟 편으로 구성되고, 앞서의 제화보다 다소 길게 〈귀거래사〉의 구절이 나타난다. 즉 "나그네에게 앞길을 묻는다問征夫而前路, 어린 자식이 문에서 기다린다稚子候門, 술병과 잔을 들어 자작한다引壺觴以自酌, 대문은 항상 잠겨 있다門雖設而常關, 홀로 서 있는 소나무를 어루만지면서 서성인다撫孤松而盤桓, 때로는 작은 배를 노 젓는다[或棹孤舟], 때때로 지팡이를 꽂아두고 밭 갈고 풀 맨다或植杖而耘耔, 동쪽 언덕에 올라 휘파람을 분다登東皐以舒嘯"다. 일부 구절을 표현한 경우에는 도연명이 배를 타고 귀향하는 〈치자후문도〉와 동산에 올라 소나무를 어루만지는 〈무송반환도撫松盤桓圖〉가 주로 그려진다. 〈귀거래도〉의 제명題名은 당시의 화가뿐 아니라 시인이 자주 인용하는 시제詩題이기도 했다. 한국 원정에서도 대문을 일섭문日涉門이라 하고, 사립문을 닫아두며門雖設而常關, 계류나 연못가에서 시를 읊는다臨流賦詩 든가, 동쪽 울타리 아래에 국화를 군이 심기도東籬採菊 하고, 원정의 제호에 호壺 자와 송松 자를 즐겨 넣는 것은 모두 그 원류가 〈귀거래사〉와 〈귀거래도〉에서 시작된 것이다.

중국이나 한국에서 사대부는 벼슬살이를 하면서 항상 긴장과 불안·공포를 가슴에 담고 살아야 했다. 따라서 벼슬을 버리고 욕심 없는 생활을 하면 재앙을 피할 수 있었다. 적당한 때 물러나 향촌에서 유유자적한 삶을 즐긴다는 것은 사대부의 마음속에서 항상 떠나지 않는 꿈이었다. 바로 이것이 사대부의 은거논리였다.

장승업, 〈귀거래도〉, 간송미술관 소장

김홍도, 〈오류귀장도五柳歸庄圖〉, 간송미술관 소장

공자가 《논어》에서 강조한 은거는 난세에 처한 군자가 자신을 지키기 위한 임시 방책, 즉 '입세적入世的 은거'다. 일시적 어려움 앞에 함께 섞이지 않고 훗날을 기약하며 자신의 도를 지키는 것이 목표다. "은거함으로써 자신의 뜻을 지킨다居以求其志"《논어》〈계씨季氏〉라는 말이 바로 이를 뜻한다. 유가에서 추구하는 초월은 개인의 자각적 수양을 통해 안빈낙도安貧樂道하면서 '자신이 하고자 하는 대로 해도 법도를 어기지 않는 자유'의 경지에 이르는 것이다. 이 경지는 낙관적이고 적극적이면서도 결코 신비하지 않게 대자연과 합일하는 데서 나오는 유쾌함을 말한다.

유가적 은사의 생활은 기본적으로 때를 기다리는 것이다. 비록 자연에 묻혀 세상을 피하고 있지만 언젠가는 뜻을 펼칠 날을 기다린다. 이것은 '은둔隱遁'이다. 그러나 도가적 은일隱逸은 도피적 입장이 아니고 현 사회의 문화, 즉 예악禮樂이나 경세經世에 뜻이 없어 공리功利와 현달顯達에 눈을 돌리지 않으니 절로 자연을 즐기는 것이다. 다시 말해 세속에 눈을 돌리지 않으며 절로 자연을 즐기는 태도다.[2] 인간사에서 공명·부귀·명리는 보통 사람이라면 모두 바라는 것이지만, 이런 부귀영화는 결국 자신을 욕되게 하는 원인이 된다. 도가에서는 이것에 집착하지 않고 초세超世를 추구한다. 초세적 은자는 자연을 벗할 수밖에 없다. 그래서 그들은 강호풍월江湖風月과 벗이 돼 '절로 난 산채나 먹는 것'을 분分으로 알고 '낚싯대 둘러메고 오명 가명' 하면서 지내는 곳을 곧 무릉도원武陵桃源으로 여기게 된다. 한국의 처사형處士型 은사가 자신의 은거지를 도원경桃源景으로 여기는 것은 바로 이런 이유 때문이다.[3]

중국에서는 위진 시대 이래로 도연명의 은거 생활이 전범이 돼 산거山居, 촌거村居, 야거野居, 교거郊居가 사인士人이 추구하는 거주 방식이 됐다. 그러나 산거나 촌거와 같은 삶에 실질적으로 제약을 받던 학자와 관료 사이에서는 은일과 관직 사이의 중간 출로가 문제되기 시작했고, 그래서 '시은市隱'이나 '조은朝隱'이라는 개념이 나타나기 시작했다. 이른바 '성시산림城市山林'이라고 하여 도회지 속에서 산림과 같은 구조의 거주 환경을 갖추고 은자의 태도를 즐기고자 한 것이다. 이러한 명말 청초의 조은 문화는 전통적인 은일 개념과 달리 도시나 근교에 위치한 서재나 정원에 은거하며 탈속적인 문인 문화를 즐기는 것이었기에 이러한 생활태도가 바로 도시 안에서 편안한 주거지에 자연을 끌어들이게 되고 결과적으로 각 지방에 세력가의 사가 원림이 형성되는 계기가 된다. 귀거래는 지금까지 약 1500년 동안 동아시아 세 나라의 은일 문화에 지대한 영향을 미친 가치관이다. 물론 시화서에서 귀거래는 항상 나타나는 제재였으며, 사대부와 문인의 이상적 생활 전범이 됐다.

무릉도원, 내가 살아야 할 곳은 바로 이곳

동아시아에서 도연명의 〈귀거래사〉가 문인의 귀향을 마음으로 유인했다고 한다면, 도연명의 〈무릉도원기武陵桃源記〉는 문인에게 또 다른 이상세계를 꿈꾸게 한 개념적이고 관념적인 이정표였다. 말하자면 문인 사대부에게 별서는 귀거래의 실천이었고, 별서를 만들어가는 과정에서 항상 기준으로 삼은 시적, 회화적 풍경이 도원경이었다. 도연명의 〈도화원기병시桃花源記幷詩〉는 〈귀거래사〉와 함께 천하의 명문이다. 기記가 319자이고 시詩가 160자로 모두 479자에 불과하지만, 동아시아인에게 '무릉도원은 곧 이상향'이라는 등식을 깊이 각인시켰다. 무릉도원은 그 존재 여부를 떠나 옛 동아시아 사람의 삶과 사유에 큰 영향을 끼쳤다.

중국의 후난성湖南省 무릉武陵이라는 지역에 민물고기를 잡으며 사는 어부가 있었다. 어느 날 물고기를 잡기 위해 강을 따라 계곡 깊숙이 들어가는 사이에 갑자기 길을 잃게 됐다. 어디로 가야 할지 몰라 무작정 배를 저어가니 물가를 따라 늘어선 나무에 꽃이 만발해 있었다. 그런데 그 나무가 하나같이 모두 복숭아나무였다. 달콤한 향기가 계곡 전체를 가득 채우고, 꽃잎이 하늘하늘 바람에 날리고 있었다. 어부는 숲이 어디까지 계속되는지 보고 싶어서 앞으로 계속 나아갔다.

한동안 가니까 숲은 끊기고 계곡이 맞닿는 곳에 작은 산이 나타났다. 계곡물이 솟아나는 수원 근처에 작은 동굴이 있었다. 안을 들여다보니 희미하게 빛이 보였다. 어부는 기슭에 배를 두고 뭍으로 올라와 동굴 안으로 들어가 보았다. 안은 무척 좁아서 사람 하나가 간신히 지나갈 정도였다. 계속 들어가자 갑자기 시야가 밝아지더니 눈앞에 대지가 나타났다. 넓은 대지는 평탄했고, 손질이 잘된 논밭과 아름다운 연못, 뽕나무와 대나무 숲도 있었다. 잘 닦인 길과 커다란 집이 있었고 집집마다 뜰 안에서는 개나 닭의 울음소리가 들려왔다. 사람들이 입은 옷도 세상 사람과 다를 것이 없었다. 백발이 성성한 노인이나 머리를 땋은 아이도 한가롭고 즐거운 모습이었다.

그러고 있는 사이에 어부의 모습을 본 마을 사람이 깜짝 놀라면서 도대체 어디서 왔느냐고 물었다. 어부가 겪은 그대로 이야기하자 마을 사람은 자기 집으로 어부를 데리고 가서 술과 닭고기요리를 대접했다. 어부에 대한 소문을 들은 사람들이 그 집으로 몰려왔다. 사람들은 아래 세상에 대해서 이것저것 캐물었다. 그들의 이야기는 이러했다. "우리 조상이 진秦나라 때 전란을 피해서 가족과 친지를 이끌고 이 산속으로 피난을 왔다. 그 후로는 마을에서 한 발짝도 나가지 않았기 때문에 세상과는 인연이 끊긴 생활을 하고 있다."

그들은 지금이 한漢나라 시대인지도 몰랐다. 대략 500년 동안이나 바깥세상으로부터 단절돼 있었던 것이다. 어부가 자신이 알고 있는 일에 대해서 이것저것 설명하자 사람들은 놀라서 그저 한숨만 내쉴 뿐이었다. 그다음부터 사람들은 번갈아가며 어부를 집으로 초대해 푸짐한 술과 안주로 대접하며 바깥세상 이야기를 듣고 싶어 했다. 어부는 이곳에서 며칠 동안 지낸 후 자신의 집으로 돌아가려 했다. 그러자 마을 사람 중 하나가 그에게 이렇게 말했다. "이 마을에 대해서는 절대로 다른 사람에게 말하지 말아 주시오."

어부는 마을을 나와서 기슭에 두었던 배를 타고 돌아오면서 표시가 될 만한 곳을 여기저기 눈여겨 살펴보았다. 그리고 마을 관리에게 자초지종을 보고했다. 관리는 이 이야기에 관심을 가지고 어부에게 부하를 딸려 보내며 그 동굴 속 마을을 찾으려 했다. 그러나 복숭아꽃이 만발한 그 평화로운 마을은 끝내 찾을 수가 없었다.

이상이 도연명이 쓴 〈도화원기〉 속의 '무릉도원'이라는 이상향이다. 그곳에는 모든 사람이 꿈꿀 만한 평화로운 전원 풍경과 함께 만발한 복숭아꽃과 동굴이라는 '별천지'다운 이미지가 포함돼 있다. '깊은 산속에 숨어 있는 비경秘境'이라는 이미지는 훗날 중국인에게도 매우 강한 인상을 주어서 이를 주제로 한 시나 문학, 그림 등 많은 작품이 쏟아져 나왔다. 중국뿐 아니라 한국이나 일본에까지도 〈도화원기〉가 전해졌고, 이 영향을 받은 문인도 적지 않다.[4]

일본 에도江戸 시대 사람들은 무릉도원을 신선이 사는 선원仙院이라고 생각했다. 또 진시황의 아방궁은 이미 불에 타서 없어졌는데 불로초를 구하러 온 서복徐福의 선박은 돌아갈 줄 모른다고 하여, 시간이 정지된 곳으로 이미지를 형상화했다. 그리하여 선비는 비록 작은 집이지만 봉래산과 도화원의 아취雅趣가 있다면, 그곳이 바로 신선이 사는 동천복지洞天福地라고 했다. 즉 세속에 연연하지 않고 풍류를 즐기면 바로 도화원과 봉래산에 사는 것과 다름이 없다 하여 도화원을 선계로 보았다.

동아시아에서 무릉도원에 대한 사람들의 꿈은 그 시작이 중국 한漢 무제武帝의 상림원上林園에서부터다. 상림원은 한 무제가 시인 사마상여司馬相如의 〈상림부上林賦〉에 감동받아 그 내용에 나오는 상상의 원림을 그대로 만든 거대한 황실 원림이다. 〈상림부〉에서 사마상여는 망시공이라는 화자를 통해 상림원을 상세하게 설명한다.

원림의 넓은 곳을 바라보면 사물의 풍부함과 다양함에 눈이 어지럽고 황홀해지네.

이리 보아도 끝이 없고 저리 보아도 끝이 없네. 해는 동쪽 연못에서

떠올라 서쪽 언덕으로 지네.

원림의 남쪽에는 겨울철에도 풀이 자라고 눈 녹은 물이 솟구치며

얼룩말, 들소, 표범, 검은소, 물소, 고라니, 영양, 붉은 머리를 한 것,

둥근 머리를 한 것,

무소, 코끼리, 코뿔소가 살고,

북쪽에는 한여름에도 땅이 얼어서 갈라지고 얼어붙은 강과 개울을

건너야 하며

기린과 멧돼지, 야생 나귀와 낙타, 메뚜기와 암말, 준마, 당나귀, 노새

가 배회하는구나.

《한서漢書》에 따르면, 상림원은 한 변의 길이가 300리나 되

고 그 안에는 70여 개의 이궁離宮이 있었다. 무제는 작품 속에

나오는 모든 전경, 기이한 동물과 새, 훌륭한 궁궐과 누대, 미

녀와 용사가 갖추어진 정원을 실제로 지상에 만들었다. 기원전

121년 황제는 상림원 안에 거대한 곤명지昆明池를 만들었다.

호수 양쪽 가에는 견우와 직녀의 두 석상을 세워 곤명지가 은

하수를 상징하도록 했고, 또 돌로 만든 고래를 호수 안에 두어

곤명지가 바다를 상징하게 했다. 상림원은 희귀한 동물과 식물

로 장식된 궁전, 별관, 연못과 같은 하나하나의 '장면'이 끝없이 이어지도록 만들어졌다. 3000종 이상의 꽃과 나무뿐만 아니라 '인공적으로' 만든 몇몇 식물까지 도입됐다. 인공 나무 중에는 남월南越 왕이 선물한 거대한 산호수珊瑚樹도 있었다. 이 산호수는 연못 가운데 심어져 밤에도 반짝였다 한다. 무제는 스스로 감축하는 시를 지었다.

옥처럼 흰 코끼리가 서쪽에서 왔도다
하늘에서 내린 감로를 먹고, 빛나는 샘물을 마시네
붉은 기러기가 모여 있는 것이 그 수를 헤아릴 수 없구나
모두 목에 독특한 특징이 있고 몸에는 오색 무늬가 있도다
이것들은 상제上帝가 내려보내 사람에게 행복을 주고자 함이리라
아! 봉래섬에 올라 영원한 장수를 누리고 싶구나

무제는 그 후 18년간이나 더 옥좌에 앉아 있었지만, 더 이상 놀라운 원림을 짓는 일은 없었다. 그는 이 세상에서 자신만의 중심지인 '천궁天宮'을 세웠고, 이미 '허구적 정원'이 현실화했기에 더 이상 상상의 세계는 필요 없어진 것이다.[5] 이 이야기는 사실과 환상 사이를 넘나드는 매우 독특한 내용이다. 상상의 근거가 〈상림부〉라는 문학 작품에 기초하고 있고, 실제 그러한 상

상을 자기 방식대로 구체화한, 그것도 아무런 제약 없이 실천한 예이기 때문이다.

한국에서도 상상원에 대한 생각은 문학에서 자주 나타난다. 갑을원림甲乙園林은 유만주가 새롭게 꾸미고자 한 상상원이다. 그는 문집 《흠영欽英》에서 여러 차례 이 상상원을 만들고 싶다는 꿈을 피력했다.

갑을원림은 모두 조장照牆으로 둘러싸여 있고, 그 내부는 방원方圓을 본떴다. 방方은 동쪽에 돌로 만든 화단으로 꾸민다. 그 위에 아름드리 소나무, 삼나무, 느티나무, 오동나무, 느릅나무, 버드나무 따위가 심겨 있는데, 수십 그루에서 백여 그루나 된다. 울창한 숲 속에는 정자가 있다. 원圓은 서쪽에 큰 연못으로 꾸민다. 연못가에는 꽃과 과수가 열로 심겨 있고 여름과 가을에 연꽃이 무성하게 피고 진다. 못 속에 섬이 세 개 있다. 정자와 누관이 곳곳에 있어 여기저기서 조망할 수 있다. (…) 주인은 수만 권의 도서를 소장하고, 백여 무리의 사악詞樂이 있어 늙어 죽을 때까지 산 빛과 물빛, 새소리와 꽃향기 속에서 즐긴다. 이야말로 진정한 청복淸福이자 신선이다.

한편 홍길주洪吉周가 꿈꾼 상상의 원정으로 오로원吾老園이 있다. 그는 자신의 글 〈숙수염熟邃念〉에서 그 형상을 자세히 설명했다. 오로원은 저택 북쪽에 있던 북산에 의지해 만든 정원으로, 동서와 남북의 거리가 각각 10리나 된다. 저택 서북쪽 담장 모퉁이에 있는 작은 문을 나서서 동북쪽으로 2리쯤 가면 오로원을 만날 수 있는데, 기이한 절벽과 수려한 폭포가 절경을 이루는 곳으로, '오로'라는 이름에서 보듯이 홍길주가 노년을 보내기 위해 설계한 공간이다. 홍길주의 〈숙수염〉은 비록 거처를 구획하는 데서 시작하지만 그 끝을 한정할 수가 없다. 밖으로는 사당과 정침正寢을 중심으로 오로원과 삼광동천을 지나 북산을 넘어 하경何景으로 확산되고, 안으로는 창문과 안석, 시렁 사이 작은 틈 속으로 수렴된다. 〈숙수염〉의 끝에서 만난 자신을 "지구라는 별, 남염부주, 조선 땅, 한양성, 남부 훈도방, 죽전동에 있는 작은 집, 사랑방, 북창 밑에서 깨어난 나"라고 표현했듯이 그는 상상원을 통해 인간의 사물에 대한 인식과 사고의 문제로 관심을 확대한다.[6]

이외에도 유경종柳慶宗의 〈의원지意園誌〉, 장혼張混의 〈이이엄而已广〉, 황주성黃周星의 〈장취원기將就園記〉, 김인후金麟厚의 〈평천장기平泉莊記〉 등에서 자기가 꿈꾸는 상상원을 그리고 있다.

상상원은 글자 그대로 상상하는 공간이기에 생각이 자유분방할 수 있으나, 역설적으로 현실 세계와 관계없이 존재할 수 없다는 점이 흥미롭다. 실제의 자연과 관계없는 자연미를 상상할 수 없는 것은 인간의 한계다. 그리하여 상상원은 발로 밟을 수는 없지만 눈으로 그려볼 수는 있고, 눈으로 볼 수는 없지만 마음으로 상상할 수는 있다. 그러니 굳이 지팡이 짚고 장원을 찾지 않더라도 궤석机席에 앉아 세상을 두루 구경할 수 있다. 예나 지금이나 인간에게 원림이라는 공간은 개인적 희망, 소망, 이상을 실현하려는 이상향이다. 그리고 그러한 상상은 주로 문학 장르를 통해서 먼저 형상화된다. 그러나 원림을 구체화하는 과정에는 회화가 더 직접적인 영향을 미친다. 원림이라는 공간에서 자연을 재현하는 과정을 놓고 보면 동아시아의 세 나라 모두 자연을 끌어들였다는 점에서는 같지만 그 구체적 재현 방식은 각기 다르다. 무릉도원은 비록 실체가 없는 가상의 공간이지만, 동아시아 옛사람의 삶과 사유에 큰 위안과 희망을 준 이상적 공간이었다.

종교와 사상이 역사적으로 발전해온 과정 또한 세 나라의 원문화에 크게 영향을 미친 요소다. 중국은 지금까지도 사회 전반에 도가 사상의 뿌리가 깊다. 반면에 주자의 성리학을 기본으로 하는 유가 철학은 한국 사회, 특히 조선시대를 엄청나게 통제했던 사상이요, 실천 규범이었다. 한국에서 주자는 그 이전의 공자나 노자보다 훨씬 더 추앙받는 인물이다. 불교는 세 나라에 모두 영향을 끼친 종교이고, 그중에서도 선종은 특히 일본 정원 발달에 결정적인 영향을 미쳤다. 이들 사상은 결국 원림의 문화와 공간, 심미안의 형성에 기초가 됐다.

시와 그림 그리고 서예는 하나

원림은 그림과 시가의 영향을 강하게 받는 예술 분야다. 따라서 시와 그림에서 지향하는 것이 그대로 원림 조영에 반영된다. 중국 원림예술은 '시화서 일체'라는 예술적 사고를 바탕으로 이를 원림 공간에 표상한다. 시화서가 일체라는 생각은 하루아침에 생겨난 것이 아니고, 시대의 변천에 따라 자연스럽게 융합된 것이다. 그 생각의 기초는 이런 것이다. 즉 인간 감정의 자연화는 곧 '느끼는(感)' 예술인 시로 하여금 동시에 '보는(見)' 예술이 되게 했으며, 자연의 감정화는 곧 '보는' 예술인 그림으로 하여금 동시에 '느끼는' 예술이 되게 했다. 그리하여 시란 느낌으로 말미암아 보는(由感而見) 것이기에 시 가운데 그림이 있게 되며(詩中有畵), 그림이란 봄으로써 느끼는(由見而感) 것이기에 그림 중에 시가 있게 돼(畵中有詩), 시와 그림이 자연스럽게 융합하게 됐다는 것이다.[7]

유교 문화 전통에서는 '글씨는 마음의 그림'이라고 할 만큼 글씨를 인격 수양과 연관된 것으로 여겼다. 송나라의 서예가 황정견黃庭堅은 "글씨를 배울 때는 모름지기 도의道義가 있어야 하며 성철聖哲의 학문으로 넓혀가야 하니, 이에 글씨가 귀하게 여겨질 수 있다"라고 해, 글씨는 도의와 학문에 바탕을 두어야 한다고 역설했다. 중국 당 대의 서화 이론가 장언원張彦遠은 자신의 저서 《역대명화기歷代名畵記》에서 글씨와 그림은 기원이 같고 본질적으로 동일하다고 주장했다. 시와 서는 그 문장성으로 동질을 공유한다. 즉 서는 형상성과 문장성, 두 가지 성질을 다 지닌다. 그림과 만날 때는 형상적 동일성을, 시와 만날 때는 문장으로 동일한 의미를 드러내며, 시와 그림 사이에서 매개 역할을 한다.

자연의 대상을 원림 속에 추상화해 표상하는 원림예술에서 시화서 일체라는 생각은 직접적인 영향을 끼친다. 시를 매개로 할 때는 원림의 자연이 곧 시적 풍경으로 그 이미지가 바뀐다. 원림을 실제로 구체화하면서 창조되는 시각적 풍경은 어느 대목에선가 보는 이의 마음속에 회화적 풍경으로 그 이미지를 전환한다. 여기에 서예가 개입된다. 시적 풍경과 회화적 풍경 사이에 다리를 놓는 것이다. 시를 쓰는 과정에서 표현되는 서체의 아름다움이 시각적으로 배어난다. 서체의 예술적 취향이 곧 시를 특정한 시적 풍경으로 상상하게 하고, 한편으로 그림 속에서 그 회화적 풍경의 분위기를 지시한다. 시화서는 이렇게 서로 연관을 맺고 다양한 풍경 체험을 우리에게 제공한다.

각기 다른
자연의 경계

주소를 쓸 때 동양에서는 대체로 나라, 도시, 동네, 길, 집 그리고 자기 이름의 순으로 적는다. 즉 '전체에서 자기'로 귀속시킨다. 서양에서는 우선 자기 이름, 집, 길, 동네, 도시, 나라의 순서로 표시한다. 즉 '자기에서 전체로' 나아가는 방식이다. 자신의 위치를 표시한다는 목적은 같지만, 자기 위상을 이해하고 개념화하는 과정에서 차이가 나는, 동양과 서양의 문화 차이를 엿볼 수 있는 단편적인 예다. 이러한 상반된 시각은 동서양의 원림예술에서도 그대로 나타난다.

원림은 가장 완벽한 공간예술이며 원림 조성은 인간에 의한 자연의 의미를 재현하는 예술행위다. 즉 자연을 통해서 인간을 어떻게 바라보느냐에 관한 생각이 공간에 나타나는 예술이 원림이다. 그러나 그 발전 과정은 서양과 동양이 각기 다른 경로로 진행됐다. 서양의 정원은 항상 자연을 가두는 데서 시작한다. 인간에 의한 공간이기에 정원에서 자연은 경계가 없는 무한한 대상이 아니라, 경계 속에 가두는 하나의 장치였다. 어디까지나 인간이라는 관점에서 출발해 자연을 바라보는 것이기에 서양의 정원은 '자신의 공간'에서 점차 그 관심과 양식을 '외부 세계'로 확대해 나가는 과정을 밟는다. 즉 부분에서 전체로 개념과 생각을 확대해 나가는 방식인 것이다.

동양의 원림은 서양과 반대로 '전체에서 부분으로' 개념을 전개해 나간다. 자연의 사물에 대한 시대적 가치관이라는 틀에서 시작해 회화나 문학의 형식에 따라 공간의 형식을 규범적으로 준수한다. 그래서 당시의 사회적 통념과 지배적 규범이라는 틀 안에서 개인의 개성과 취향을 발전시키는 방향으로 전개된다. 즉 사회적 규범이라고 하는 전체에서 '부분으로서' 개인적 취향을 전개한다는 것이다. 그러한 사회 전체에 흐르는 규범과 문화의 형식과 내용을 읽고 알지 못하면 원림의 내용과 형식을 알기 힘들다. 한마디로 지배계급에 의해 향유됐던 시·화·서의 문화적 맥락을 동시에 이해하지 못하면, 동아시아 원림문화의 진정한 미적 표현과 정서, 나아가 미적 체험을 경험하기가 매우 어렵다. 그래서 원림을 '보고 느끼기' 이전에 '읽고 이해하는' 과정이 선행돼야 한다는 말이 있는 것이다.

원림은 동서양을 막론하고 인간이 희망하고 기대하는 이상적인 환경에 대한 생각이 표상되는 공간이다. 원림 공간에 대한 개념은 세 나라가 조산造山, 재식栽植, 차경借景, 경물景物, 지당池塘 등을 통해 그 형태를 구체화하는 과정에서 각기 달리 나타난다. 즉 세 나라는 자연과 풍경을 대상으로 하는 시·화·서의 내용을 원림 공간에 표현할 때도 서로 다른 문화적 취향에 따라 각기 다르게 구현한다.

중국의 원림은 그 의미 속에 숲이라는 뜻이 강하게 내포돼 있다. 비록 작게나마 동산을 만들고 연못에 잉어를 키우지만, 마음은 저 머나먼 대자연의 숲 속에 있도록 원림을 조성한다. 그리하여 시인이나 화가가 산수를 바라보며 느끼는 정서 그대로 원림 공간에 재현하려 한다. 화가의 마음속에 자리한 산수의 이미지가 비록 축소된 규모지만 원림 속에 그대로 들어오도록 만드는 것이다. 중국 원림은 인간의 입장에서 광대한 자연을 끌어들여 자기 세계 속에 담으려는 의도가 매우 강하다. 그래서 산과 물, 바위, 동산의 달과 같이 자연의 모든 것을 원림 속으로 빌려온다. 영국의 여류 조경가 케직M. Keswick은 이를 보고 "원림에 산이 들어온다"라는 재미나는 표현을 썼다. 중국의 원림 이론가 계성計成은《원야園冶》에서 이러한 태도를 원림 조영에 대한 가장 중요한 원칙으로 제시한다. "비록 사람이 만들더라도 그것은 본래 자연처럼 해야 한다(雖由人作 宛自天開)."

자연을 실제로 끌어들이기 어렵다면 글로써, 즉 시를 통해 자연을 우리 상상 속으로 불러온다. 시인이 원림 속에서 심미객체審美客體를 발견하면 문자를 이용해 아름다운 감정을 시로 재현하게 된다. 이때 자신의 정감을 통해 새로운 이미지를 창조하는 것이다. 이렇게 하면 꽃나무와 정자는 사라지지만, 시는 영원히 남아 당시의 원림을 상상하고 재현할 수 있다. 그래서 원림의 시화의詩畵意는 영원히 지속된다고 말할 수 있다.[8] 시적 풍경이 원림의 공간 체험에 보완적 역할을 하는 것이 중국 원림의 특징이다.

중국 원림에는 바로 중국인이 생각하는 자연이 그대로 투영돼 있다. 중국 원림에서 자연은 '인간에 의한 자연'이다. 얼마 전 사석에서 한 일본 학자가 중국 문화에 대해 말하면서 "중국의 문물을 보면 '서구西歐의 끝'을 보는 것 같다"라고 표현했다. 서구 문명이 마지막으로 중국 대륙 끝에 도달한 것 같다는 뜻이다. 서양의 자연관이 개척과 통제라는 인간 중심의 가치관이라고 한다면, 중국인의 자연관은 동아시아 세 나라 중에서 서양의 그것과 가장 가깝다. 세 나라의 원림문화에 관한 한 중국인의 자연관은 가장 인간 중심적이다. 조금 멋을 부려 표현한다면 '인간을 위한, 인간에 의한, 인간의 자연'이라고 말해도 무방할 것이다. 중국 원림에서는 인간의 삶에 대한 사건, 사연, 일화,

인간관계, 관념 등이 지나칠 정도로 강하게 표현된다. 이런 관점에서 볼 때 중국 원림에서 자연은 단적으로 '인간에 의한 자연'이라고 말할 수 있다. 인간에 의한 것이기 때문에 당연히 '말과 글에 의한' 시적 풍경이 원림의 중심 개념이 된다.

중국 원림은 높은 담이 있어 주위가 일단 어둡게 격리되는데, 건물로 들어가면 주위보다 어두운 회랑에서 밝은 마당과 경물, 꽃을 보게 된다. 이때 공간은 실제보다 더 깊고 멀게 느껴진다. 대나무 숲에 둘러싸인 어두운 괴석 동굴을 통해서 밝은 바깥마당을 보면 마치 먼 산속의 깊은 숲 속이나 동굴에서 외부를 바라보는 상태가 된다. 문동門洞 위에 '통유通幽'라고 제목을 쓰는 것도 같은 맥락이다. 어두운 대나무 숲은 사시사철 유현한 느낌을 유지한다. 회랑과 원로를 따라 조금만 걸어도 공간의 분위기가 전혀 다르게 바뀐다. 이렇게 해서 보는 이는 좁고 작은 공간을 통해 깊고 먼 산수화의 공간 속으로 들어가게 된다.

유현은 글자 그대로 '이치나 아취雅趣가 알기 어려울 정도로 깊고 그윽하며 미묘함'을 말하는 것이다. 깊고 그윽하기 때문에 당연히 어둡다. 유현은 곧 심원함이다. 원림의 공간 체험 과정에서 일정 부분에 어두운 시각적 층위를 설정하게 되면, 사람들은 공간을 매우 심원하게 느끼게 된다. 어둡기 때문에 멀다는 느낌이 드는 것이다. 어두운 곳에서 밝은 곳으로 나아갈 때는 원遠·현玄·청淸의 의미를 확실히 체감할 수 있다. 공간의 체험도 동시에 밝은 곳으로 확장해 나간다. 중국의 시가와 회화에서는 모두 원圓이라는 관점을 통해 자연을 바라보고 이해한다. 원이라는 개념은 회화에서 추구하는 미학적 사유이면서, 동시에 공간 구축에도 적용되는 예술적 사고 방식이다. 동양 산수화에서 목표로 하는 미적 가치는 원림에서도 그대로 표현된다. 어두운 숲이나 회랑 혹은 주위보다 어두운 건물 속에서 밝은 외부를 바라보게 해 순간적으로 유현의 정취를 느끼게 하는 조원造園 기법은 동아시아 원문화에서 흔히 볼 수 있는 예다. 예로부터 현인賢人이 은거하는 공간은 대개가 깊은 산속이다. 그래서인지 모두가 어두운 곳에서 밝은 곳을 지향한다.

원림에서 이렇게 유현을 추구하는 것은 우리의 의식이 유한을 뛰어넘어 무한으로 향하게 하려는 것이다. 원림은 유람하는 사람의 마음속에 무한한 시간과 공간에 대한 궁극적인 깨달음을 불러일으킨다. 중국 윈난성 쿤밍에는 다관러우大觀樓가 있는데, 이 누에 한 편의 대련對聯이 있다. 이 대련은 중국에서 가장 길다고 한다. 무한한 공간과 끝이 없는 시간을 몇 마디로 서술하고 있다.[9] 상련上聯은 다음과 같다.

오백 리의 전지滇池를 달려와 눈 아래 둔다. 옷깃을 풀어놓고 두건

중국 저장성 항저우 궈좡, 2001 (좌)
중국 장쑤성 쑤저우 이위안 (우)

을 들어 올려 이마를 드러내고서 끝없이 공활하고 가없는 광경을 볼 수 있음을 기뻐한다. 동으로는 훌륭한 말이 달려가듯 하고, 서로는 영의靈儀가 높이 나는 것과 같으며, 북으로는 뱀이 구불구불 기어가듯 하고, 남으로는 흰 비단이 펼쳐져 있는 것 같다. 고고한 인사와 운치를 아는 선비가 앞 다투어 올라볼 만하지 않은가. 게 모양의 섬과 소라 모양의 섬을 따르니, 빗속에 바람과 안개로 쪽을 찐 것 같고, 또 천지에 부평초와 갈대가 있으며, 푸른 새와 붉은 노을이 여기저기 흩어져 있다. 사방을 둘러싼 향기로운 곡식, 넓게 펼쳐진 맑은 모래, 여름의 부용, 봄날의 버들을 헛되게 하지 마라.

이것은 광활하고 끝없는 공간이다. 하련下聯은 무한한 시간을 서술한다.

수천 년 전 과거의 일이 마음속에 흘러든다. 술을 하늘 높이 올리며 영웅이 누가 있었던가, 끝없이 탄식한다. 한 대에는 망루가 있는 배를 만들었고, 송 대에는 옥도끼를 휘둘렀고, 원 대에는 가죽 주머니에 걸터앉았던 것을 생각한다. 위대하고 수없이 많은 공적의 산을 옮기려 심력을 다 쓴 것 같다. 주렴과 그림을 그려 넣은 기둥을 다해도 그 아름다움이 저녁의 비나 아침의 구름에 미치지 못하니, 바로 비석을 무너뜨려 모두 푸른 연기와 지는 노을 속에 부쳐버린다. 다만 얻을 수 있는 것은 몇 가지 거친 종과 강 가운에 고깃배의 불빛, 두 줄로 날아가는 가을 기러기 떼, 한 방울의 맑은 이슬뿐….

원림에서 미적 체험은 원경과 근경의 산수를 동시에 경험하는 것이기 때문에 곧 산수화에서 지향하는 원과 현 그리고 청이라는 이미지가 가두어진 자연에도 나타난다. 중국 원림에서는 자연을 끌어들이는 과정에서 그러했다. 시적 풍경이나 회화적 풍경을 묘사하는 현대 한시에서도 원·현·청이라는 개념은 서로 대체할 수 있는, 대단히 자주 등장하는 미적 가치다. 원림에서는 이러한 세 가지 가치가 '유현'이라는 개념으로 구체화된다.

자연에 대한 태도에 대해 한국인은 동아시아 세 나라 중에서 가장 자연에 순응하고 그대로의 자연을 받아들인다고 주저 없이 말할 수 있다. 이 말은 한국인의 자연미에 대한 선호가 '소박한 아름다움, 구수한 맛, 선적인 아름다움, 담백하고 청아한 아름다움, 청초미 그리고 자연에 대한 순응적인 태도'라는 뜻일 것이다. 한국의 미를 자연미에서 찾은 고유섭, 김원용, 조요한 같은 미학자의 견해도 이와 다르지 않다. 한국 원정은 형태나 위치 그리고 경물의 세밀함, 기타 원정에 작용하는 작정 원리가 모두 도가, 유가, 불가의 종교적 세계관에 기초한다고 말할 수 있다.

한국 원정은 자연을 인간 중심으로 끌어들여 틀 속에 가두려하지 않는다. 오히려 자연 속으로 들어간다는 표현이 더 적절할것이다. 이러한 관점은 세 나라의 원림을 구별해서 살펴보면 쉽게 알 수 있다. 한국 원정은 그 경계가 있다고 하나, 중국이나 일본에 비하면 매우 느슨해 다만 경계가 있음을 알리는 정도다. 일본과 중국의 그것과 달리 자연에 대응하는 사고방식보다는 자연 속으로 들어가는, 자연과 무리 없이 일체가 되려는 자연스러움이라고 할 수 있다. 인간 중심의 자연관을 가진 서양인에게 이러한 생각은 좀 막연하게 느껴질 것이다. 요즘 서양의 조형감각에 익숙한 회화적 구성을 한국 원정에도 시도하는 경우를 보지만, 대부분 조화되지 못하고 집과 정원이 따로따로다. 그만큼 한국 문화 속에 배태돼 있는 소박한 아름다움은 다른 복잡한 치장과 기교를 멀리한다. 한국 원정은 비록 경계를 두고 있지만 그조차 자연 속에 품어져 있다. 정선의 그림에서 느껴지는 단순한 세련미, 치밀함을 넘은 변화의 묘妙는 초월미를 간직한 한국적 자연미일 것이다. 이런 시각은 한국 원정에도 그대로 나타난다.

한국의 원정 문화는 가원家園을 의미하는 원과 산천에 두루퍼져 있는 정자를 함께 개념적으로 이해해야 하는 원園과 정亭의 문화다. 원정이라는 글자가 뜻하듯이, 원과 정이라는 두 문화적 공간이 넓게 관련되기 때문이다. 원과 정을 분리해서 생각

전라남도 담양군 명옥헌 원림, 2011

하더라도, 원정에서 자연은 성격상 사회적인 것이라고 말할 수 있다. 한국 원정의 풍경은 중국의 경우처럼 주인에 의해 개인화된 것이 아니다. 풍경에 관한 한 한국 원정은 소유자나 사회적 계층과 관계없이 모두에게 공유돼 있다. 정자는 바로 이러한 기능을 하는 사회적 공간이다. 한국 원정은 중국이나 일본처럼 높은 담장 속으로 자연을 무리하게 끌어들이지 않는다. 담장도 가능하면 낮춘다. 장식부터 화려한 중국 원림의 창틀, 항상 압도적 좌선 분위기를 유지하고자 하는 일본 정원에 비해 한국 원정에서는 낮은 토담, 사계절의 모든 꽃나무가 비치는 연못, 어떤 형태로든 작은 소리를 만드는 계류溪流와 물레방아, 앉기도 하고 눕기도 하는 아담한 정자 등 그야말로 화려한 장식이 없는 담백함(淡白), 소박함(素朴), 치졸(稚拙) 그리고 정중동靜中動의 자연스러운 분위기가 그대로 묻어난다.

한국 원정은 중국이나 일본에 비해 공간적 전형典型이 뚜렷이 전승되지 않은 편이다. 그러나 방지方池와 지중도池中島는 자주 나타난다. 중국이나 일본과 비교해볼 때 방지는 매우 독특한 한국 원정의 전형이다. 이 방지 속에 모든 자연이 들어 있는데, 방지를 통해 흩날리는 꽃잎을 바라보기도 하고, 흔들리는 단풍잎에서 깊은 가을을 느끼게도 된다. 잔설이 있는 이른 봄 연못에 비치는 나뭇가지는 바람이 조금만 불어도 흔들린다. 눈

충청남도 홍성군 조응식 고가, 2008

길이 물속에 잠긴 신선도神仙島에 이르면 보는 이는 순간 가산假山을 거쳐 선계로 들어간다. 이렇게 크지 않은 지중도를 통해 시간과 공간을 넘나들고, 현실과 이상 세계를 수시로 드나든다. 한국 원정에서 자연은 그대로 있는 자연과 연못 틀 속에 담긴 자연이 동시에 풍경 속에 공존하는 이중적 자연이다. 중국 원림의 자연이 '인간에 의한 자연'이라고 한다면, 상대적으로 한국 원정에서 자연은 '자연 속의 자연'이라고 할 수 있다.

일본 정원을 소개하는 영상에는 항상 이끼 낀 오래된 석정石庭이 나타난다. 참선을 통해 마음의 평정과 안식을 얻으려는 선종의 분위기를 일단 보여준다. 일본 정원에는 침묵이 흐른다. 모든 것이 정지돼 있다. 움직이는 것은 대나무 통에 흐르는 물과 연못에서 유유히 헤엄치는 잉어 떼, 바람에 흩날리는 꽃잎 그리고 정적을 깨뜨리는 선승의 목탁뿐이다. 그다음은 비 내리는 연못과 이슬에 비치는 이끼 낀 돌무더기가 클로즈업된다. 매일같이 이끼에서 나뭇잎을 걷어내고 꽃잎도 걷어낸다. 모래밭에는 항상 반복해서 고무래로 파도 물결을 만든다. 일본 정원은 불교의 선종과 관련이 깊다.

선종에서 좌선과 명상은 가장 중요한 수행 방법이다. 참선을 할 때는 일상적으로 침묵하고 일시적인 모든 것을 무시해야 한다. 이때는 오직 유구한 시간과 변하지 않는 공간만이 의미가 있다. 이런 분위기가 일본 정원에서 기본이 되는 것은 당연한 일이다. 아름다움의 대상이라기보다 자신을 되돌아보기 위한 관조觀照의 대상으로 정원을 꾸민다. 오랜 세월이 지나야 만들어지는 이끼원은 그 자체로 정지된 시간을 상징한다. 철따라 휘날리는 꽃잎은 걷어내면서 돌에 붙은 이끼는 항상 있는 그대로 유지하려 하는 일본인은 정원에 우주가 담겨 있다고 생각한다. 어떤 사람은 정원이 부처의 천국이라고까지 말한다. 선종이 아니라도 언제 터질지 모르는 화산, 항상 밀어닥치는 해일, 끊임없이 흔들리는 지진 속에서 일본인이 마음의 평정과 안식을 정원에서 찾으려 하는 것은 오히려 당연한 일일 것이다.

일본 정원에서 자연은 인간과 일정한 거리를 두는 관조의 대상이다. 시시각각 급변하는 일시적 요소는 생략하고, 바다와 섬, 돌과 푸른 소나무 그리고 이끼 같은 영원히 변하지 않는 요소를 중요한 대상으로 삼는다. 선종의 마음을 비우는 태도가 정원에도 그대로 나타난다. 사소하며 가변적인 모든 것을 제외하고 비워두는 태도로 정원에 그림을 그린다. 그 그림도 방 안에서 일정한 거리를 두고 바라보게 조성하고, 언제나 같은 그림을 그리려 한다. 자연과 일정 거리를 두고 바라보고자 하는 태도는 헤이안平安 시대의 민가 정원에도 나타난다. 당시 귀족은 자연과 시적으로 교감하면서 야생식물을 채집해 앞마당에 심기 시

일본 아오모리 세이비엔盛美園, 1998
일본 교토 사이호지西芳寺 이끼원, 1999

센자이

작했다. 이것을 센자이前栽라고 한다. 글자 그대로 '앞에 심는 것'을 의미한다. 큰 정원의 일부분으로 거처의 툇마루 앞마당에 다양한 초화를 심었던 것을 말한다. 대나무로 낮은 울타리를 만들고 그 안에 매화나무 한 그루와 몇 가지 야생화를 심은 그림이 두루마리로 남아 있다.[10]

　정원에서 회화적 풍경이 항상 일정하다 보니 일본인은 역설적으로 시적 풍경에 대한 관심과 애정이 더 각별하다. 실비 내리는 연못 속의 잔물결, 짙은 해무海霧 속 바위섬의 고송孤松과

무서운 파도 물결, 꽃잎이 눈처럼 쏟아지는 벚나무 숲 아래 여성의 고독한 양산 등 일본인의 서정에는 시적 풍경이 더 중요한 부분을 차지한다. 그래서 시적 풍경이라는 말보다 '풍정風情'이라는 표현을 더 즐겨 쓴다. 일본의 유명한 정원 이론서《사쿠테이키作庭記》에서도 작성作庭의 요체를 풍정이라는 개념을 사용해 설명한다.

쑤저우
주오정위안

중국 삼국시대 오나라 왕 손권이 지배했던 강동 지방은 넓은 유역에 수량이 풍부하고 농업이 발달해 전반적으로 부농과 문인을 많이 배출했다. 주오정위안拙政園이 있는 쑤저우 지방은 소호沼湖가 많고 태호석太湖石 같은 돌 재료가 풍부해 강남의 원림 조성에 크게 기여했다. 쑤저우의 이곳저곳엔 수향水鄕이 많다. 향촌에 수로가 많아 무지개다리(虹橋)가 대표적인 수로 풍경으로 등장한다. 배를 타고 운행하는 교통이 주가 되면서 이곳은 '느림'의 생활이 보편적이다. 아름다움을 생각하는 정신 활동에는 이러한 느림이 곧 서정성으로 연결된다. 벼와 생선이 많이 생산돼 요리 문화도 다양하게 발달했다. 이렇게 따뜻한 기후, 정치적 압력이 적은 자유로운 환경, 풍부한 음식 문화, 부유한 지방 토호의 문화적 취향 등의 분위기 속에 화가나 시인이 모여들어 독자적인 원림 문화를 크게 발전시킨 것은 지극히 당연했다.

이 지방은 비가 많고 습하다. 진흙이 대부분이어서 항상 바닥이 질퍽하다. 그래서 미끄럼을 방지하기 위해 전돌이나 석재로 바닥을 덮는다. 바닥에 복을 가져다준다는 박쥐, 장생의 상징인 학, 학자 취향의 연꽃 등 뜻이 있는 다양한 문양을 새긴다. 항상 비를 피해 생활해야 하기 때문에 원림에서도 당연히 회랑이 발달했다. 원림에서는 대부분 회랑을 걸으면서 밖의 풍경을 감상하게 돼 있다. 난대기후여서 수목 또한 어두운 상록수가 많다. 대비 효과를 주기 위해 담장은 흰색으로 칠한다. 대나무나 난을 많이 심고, 한가하게 기르기 쉬운 분재가 발달했다. 분재를 하나의 풍경으로 보는 분경원盆景園이 특별히 발달하게 된 이유다. 겨울에도 따뜻해서 난방이 필요치 않고 의자 생활이 보편적이다. 여기서는 통풍장치가 필수적이다. 따라서 화창이나 누창을 만들어 바람이 쉽게 통하게 한다. 이렇게 원림의 조성과 발달은 시화서 같은 문화적 요소보다 물리적 환경에 더 직접적인 영향을 받는다.

중국 양쯔 강 남쪽 쑤저우에 있는 주오정위안은 중국 4대 명원의 하나인데, 크기도 상당하며, 역사가 500년이 넘었다. 지금도 원내에는 수령 100년이 훨씬 넘는 오래된 수목이 많다. 1509년 왕헌신이 세운 이후 주오정위안은 주인이 여러 번 바뀌

중국의 수향 루즈用直 수로 풍경

었고, 그에 따라 원림은 서원西園, 동원東園, 중원中園 세 곳으로 나누어졌다가, 점차 확장됐다. 그 와중에도 주오정위안은 건물만 늘었을 뿐 큰 뼈대는 바뀌지 않고 그대로 지금까지 내려오고 있다. 원림에서 수목이나 경물 같은 자연 요소는 항상 변하는 속성이 있기 때문에 당초의 분위기를 그대로 보전하기가 매우 어렵다. 당초의 그림이나 도면, 설명 자료 같은 구체적인 기록이 있어야 원래의 원림 분위기가 보존되는데, 주오정위안에서는 시와 그림 그리고 원기園記가 남아 있어 장구한 세월 동안 원래의 고색창연한 분위기가 유지될 수 있었다. 그 중심에 당대의 시화서 삼절三絶이라 불린 형산衡山 문징명文徵明이 있었다.

왕헌신의 청에 따라 졸정원의 조성에 관여하게 된 명 대 중기의 문징명은 3대에 걸쳐 원림 문예에 통달한 세가世家의 중심인물이었다. 고결하고 온화하며 근직한 성격으로, 명 대의 걸출한 문인 가운데 중심이 돼 많은 문인 화가를 육성해냈다. 그는 시화서 외에도 특히 원림 시문과 그림을 많이 남긴 것으로 유명하다. 《졸정원시화책拙政園詩畵冊》은 31폭의 그림과 시, 원기, 시문과 서화 등을 담고 있어서 원림의 전모를 알기에 매우 유용한 자료다. 그는 원림을 대상으로 그림을 많이 그렸고 서책으로도 남겼다.

문징명은 주오정위안의 계획과 설계에 참여해 원림에 시적

《주오정위안 조감도》

정취와 회화적 취향을 충분히 반영했다. 특히 사대부의 아일雅逸한 분위기를 재현했다. 원림을 조성한 후에는 자주 방문해 원림을 대상으로 시문서화詩文書畵 작품을 대량으로 창작했다. 문징명의 주오정위안 창작기, 그림, 시는 명 대의 문인원림 실록이라 할 수 있으며, 이는 문인화가와 원림문화가 결합되는 전범典範이 됐다.[11]

시화서에서 당대 일인자였던 문징명이 직접 원림 조성에 참여해 문인원림 기록을 남겼다는 것은 매우 유례가 드문 일이다. 그의 그림과 시문을 통해 주오정위안의 여러 풍경이 지금도 전해진다. 이를 통해 조원가로서 문징명의 시의와 화의 그리고 당시 주오정위안 풍경을 동시에 짐작할 수 있다.

원림에서 시적 풍경과 회화적 풍경의 상징적 의미는 크게 두 가지 경로로 표상된다. 하나는 장소와 풍경이고, 또 하나는 제명題名과 대련이다. 중국의 원림예술에서 제명이나 대련은 원주園主나 조원가의 혜안을 읽을 수 있는 척도다. 송 대 이전의 원림은 왕유王維의 '망천별업輞川別業', 배도裴度의 '평천장平泉莊', 백거이의 '여산초당廬山草堂'과 '이도리履道里' 등에서 볼 수 있듯이 모두 소재지의 지명을 따서 이름을 붙였다. 송 대 이후 비로소 시의가 반영된 제명이 성행한다. 제명과 대련은 속성상 문자의 길이가 짧다. 길지 않은 문구로 전체의 의미를 전달하기 때문에 중요한 단어를 줄여서 표현한다. 극단적으로 짧은 것은 아마도 건물에 붙이는 편액일 것이다. 단 두서너 글자로 원주나 조원가의 뜻을 전달하려 한다.

주오정위안이라는 명칭은 서진西晉의 문인 반악潘岳의 〈한거부閑居賦〉에 나오는 "채소밭에 물을 주고 푸성귀를 팔아 (…) 어리석은 자가 행하는 정사政事다(拙者之爲政)"라는 글귀에서 따온 것이다. 권력을 잃고 낙향한 왕헌신이 당시의 세도가를 꼬집으려 한 의도가 엿보인다.

부귀를 뜬구름처럼 여기는 공자의 뜻을 따라, 집을 짓고 나무를 심어 소요하며 자득한다. 못과 소는 고기 잡고 낚시질할 수 있고, 방아 찧어 받은 세리稅利는 경작을 대신할 수 있다. 채소밭에 물을 주고 푸성귀를 팔아 아침저녁 반찬거리를 공급하고, 양을 길러 터럭을 팔아 복일伏日과 납정臘亭의 비용을 댈 수 있다. 부모에게 효도하고 형제와 우애하니, 이 또한 어리석은 자(拙者)가 행하는 정사다.

초기에 주오정위안에는 건물이 적었으나, 세월이 흘러 원주가 자주 바뀌면서 정자가 계속 늘어나게 됐다. 정자의 이름은 거의 모두 당대 유명 시인의 시에서 따온 것이다. 난설당蘭雪堂은 이백의 '독립천지간獨立天地間 청풍소란설淸風瀟蘭雪'에서, 함청정涵靑亭은 저광희儲光羲의 '지초함청색池草涵靑色'에서, 방안정放眼亭은 백거이의 '방안간청산放眼看靑山'에서 따왔으며, 사계절의 자연 변화를 묘사하는 장면이 거의 대부분이다. 또 서예가가 직접 편액을 쓰기도 했다. 여기에는 대련으로 명시가 연결된다. 주오정위안의 옥란당玉蘭堂에는 문징명이 쓴 대련으로 '명향파란혜名香播蘭蕙 묘묵탄암천妙墨揮岩泉'이 있고, 오죽유거梧竹幽居에는 조지겸趙之謙이 쓴 '상차청풍명차월爽借淸風明借月 동관유수정관산動觀流水靜觀山' 등이 있어 시적 풍경을 연출한다.

이런 제명과 대련은 그 자체로는 잘 알려져 있지만, 시의 내

오준吳儁, 〈졸정원도〉

용과 상징하는 의미가 반드시 그 장소에 부합하고 적절히 묘사했다고는 할 수 없다. 오히려 해당 풍경에 시적인 풍경을 끌어오기 위해 명시를 인용한 경우도 있다.

대련은 원림 안에서 생활하는 문인아사文人雅士의 품격과 정신을 알려주기도 하지만, 자연 경상에 인격을 부여하고 감정을 이입해 그 의미가 무한한 경계로까지 확대되기도 한다. 사람들은 대련을 통해 시인의 심미적 정취를 읽으면서 경물을 예사롭게 보지 않고 자신의 예술적 감정을 자극해 심미적 혜안을 키운다. '풍황류장적風簧類長笛, 유수당명금流水當鳴琴'과 같은 대련은 인구에 회자되는 명련名聯으로, 창랑팅뿐 아니라 주오정위

조인용曹仁容, 〈주오정위안〉

안에도 등장한다.[12]

시인의 마음과 화가의 눈을 통해 전개되는 풍경을 몇 글자로 전달하기란 매우 어렵다. 그래서 전체 시구나 그림을 매개로 원림미를 읽을 수밖에 없다. 세월이 가고 풍경은 바뀌지만, 시인이 남긴 시의는 그대로 남는다. 주오정위안에서는 난설당 서쪽 토석산 뒤 풀밭에 활 모양의 못을 파서 '지초함청색'의 시의를 실제로 재현했다. 청우헌廳雨軒에는 파초와 연꽃과 대나무가 모두 있어 이곳에 내리는 비를 감상할 때, '청우입추죽廳雨入秋竹'의 시의를 그대로 느낄 수 있다. 또 득진정得眞亭의 중앙에는 큰 거울이 하나 걸려 있는데, 사방의 산과 물, 꽃과 나무가 이 거울 속으로 들어가니 '경이운산약화병鏡裏雲山若畵屛'이라는 시구의 의경이 그대로 옮겨진다. 시의는 그러나 그대로 원림 안으로 옮길 수 없다. 화가나 그림에 의존해 의상意象이 시각적으로 변환돼야 실제 원림에서 형상이 모습을 나타낸다.

〈망천별업〉

빗속의 풀빛은 푸르게 물들일 듯하고　　　　　　雨中草色綠堪染

물위의 복사꽃은 붉게 타오를 듯하다　　　　　　水上桃花紅欲然

중국 당 대의 대표적 시인 왕유의 시 〈망천별업輞川別業〉에서는 화목에 대한 시각적 묘사가 매우 선명하게 나타난다. 이 시는 풀과 비, 복사꽃과 물을 결합해 산수의 색채감綠/紅을 선명하게 대비함으로써 원림 속 화목의 다채로운 미감을 표현했다. 여기서 주목할 것은 '망천별업'이라는 시제다. 만약 이것이 없다면 독자는 장소나 공간, 나아가 순간의 계절적 맥락을 분명히 알기 힘들다. '망천별업'이 있기에 붉은 복사꽃과 빗속의 초록색이 선명하게 시각적으로 떠오른다. 제목이 암시하는 공간과 의미가 시적 풍경을 만들어내는 것이다. 만약 원림 안에서 〈망천별업〉과 같은 시를 읽는다면 독자는 바로 시적 풍경으로 들어갈 수 있다. 이미 〈망천별업〉이라는 공간적 범위 내에서 시적 표현을 음미하게 되기 때문이다.

〈해당〉

동풍은 살랑살랑 높은 빛은 하늘에 떠 있고	東風裊裊泛崇光
향무는 자욱하고 행랑으론 달이 돌아든다	香霧空蒙月轉廊
밤 깊어 꽃이 잠들까 두려워	只恐夜深花睡去
긴 촛대에 불붙여 해당화를 비운다	故燒高燭照紅妝

또 다른 예로 송 대의 문호 소식蘇軾의 시 〈해당海棠〉을 보자. 이 시에서는 구체적인 대상으로 원림 안에 핀 해당화 주위의 풍

경을 묘사한다. 소식은 원림 안 행랑에서 달빛 가득한 꽃밭을 감상하고 있다. 안개 낀 허공으로 흘러오는 해당화 향기를 환상적인 분위기 속에 만끽하면서 밤이 깊어 꽃마저 잠이 들까 싶어 촛불을 들고 해당화를 비추고 있다. 해당화라는 꽃이 있음으로써 시적 묘사가 더 선명히 그려지고, 이것은 바로 시적 풍경이라는 영상으로 전환돼 그 이미지가 전달되는 것이다.

〈영주오정위안산차화詠拙政園山茶花〉

주오정위안 내 동백꽃	拙政園內山茶花
한두 그루 나뭇가지에 서로 얽혀 있구나	一株兩株枝交加
직녀가 짠 구름 비단처럼 곱고	艶如天孫織雲錦
수은으로 태운 단사처럼 붉도다	頹如姹女燒丹砂
불꽃으로 엮은 붉은 산호처럼 뱉어내고	吐如珊瑚綴火齊
아침노을보다 높이 있는 무지개처럼 비운다	映如蝃蝀凌朝霞

더 나아가 장소와 표현의 대상이 구체적으로 시제로 나타나면 독자의 심상은 더 선명한 시적 풍경으로 변한다. 앞의 시는 명 말의 시인 오위업吳偉業이 주오정위안의 동백꽃을 보고 느낀 감정을 심미적 관점에서 묘사한 것이다. 시는 주오정위안에 피어난 순연하고 영롱한 산다화에 대한 묘사로 시적 풍경의 이

미지를 나타낸다.

　화가가 원림의 모습을 그리면, 원주는 보통 그 느낌에 따라 조원 과정에 이를 반영하는 것이 상례다. 이때 근거가 되는 그림은 상세한 부분은 생략되고 화가가 중요하다고 생각하는 원림의 시각적 대상을 중점적으로 부각하는 경향이 있다. 그래서 전체를 그리면서도 사실은 화가의 마음속에 크게 자리 잡은 경물을 화폭에 중점적으로 그리게 된다. 시인은 먼저 그림을 보고 시의를 표현하기 때문에 기본적으로 화가의 눈에 의존하게 된다. 그림은 원림이라는 공간을 조감하기 때문에 전체적으로 그 특징과 구조를 파악하기 쉽다. 그러나 부분적인 장소의 미묘한 특징은 오히려 설명하기 어렵다. 시인은 그러한 부분을 시를 통해 강조해 정태적인 그림에 생기를 불어넣는다.

　그림이 회화적 풍경으로 바뀌려면 공간에 시의가 전달돼야 한다. 그것은 시를 통해 '동적' 요소를 매개함으로써 달성된다. 그러므로 이러한 시에는 '움직임'을 느끼는 표현이 많이 등장한다. 내來, 도到, 기起, 보步, 발發, 성聲, 고敲, 영映, 차借, 명鳴, 비飛 등의 표현은 시적 대상을 움직이게 한다. 여기에 달, 물, 바람, 꽃잎, 향기, 원경, 눈, 물소리, 그림자, 노을, 서리, 안개, 무지개 등 계절적 풍경 요소가 제화시에서 얽히게 되면 그림은 역동성과 서정성을 띠는 회화적 풍경으로 바뀌게 된다. 주오정위안의 풍경 사진에 붙인 현대 중국의 한시에서도 역시 그러한 역동성을 발견할 수 있다. 시를 통해 사진은 풍경에 역동성과 서정성을 불어넣는다.

드문드문 새로 난 연잎 맑은 햇빛 쌓이네	點點新荷疊清光
새벽에 일어나 회랑을 걷는다	晨起步廻廊
탑 그림자 빌려 부용과 함께하네	借得塔影伴芙蓉
작은 마당 깊고 밝아 이곳이 별천지	小院深明別有天
새벽 일찍 누가 서릿발을 물들여 숲을 취하게 하는가	曉來誰染霜林醉
풍파가 없으니 이곳이 나의 집	無風波處是我家
한가한 바둑소리 등불 꽃에 떨어지네	閑鼓棋聲落燈花

문징명의 〈졸정원도영拙政園圖詠〉은 소비홍小飛虹('작은 무지개다리'라는 뜻)의 풍경을 그림과 시로 읊은 것이다. 홍교는 강남의 수향에서 흔히 볼 수 있는 무지개다리를 말한다. 소비홍은 주오 정위안 중원 원향당遠香堂에서 득진정으로 가는 길목에 자리한 회랑형 다리다.

작은 무지개다리는 몽은루 앞에 있고	小飛虹代在夢隱樓之前
약서당 북쪽에 있다, 창랑지를 가로지른다	若墅堂北橫絶滄浪中

암매미와 벌레가 꿈틀거리며 홍하를 머금고	雌蜺蜷蜷飮洪河
저녁 해에 거꾸로 비치는 그림자가 푸른 물결에 흔들린다	落日倒影翻晴波
강산이 축축해 아직 기우제 지낼 때는 아닌데	江山沉沉時未雩
어찌해 푸른 용이 날아오르기를 참는가	何事靑龍忽騰騫

왕은 아는가, 하찮은 시험으로 개천에 난 재사가 성공한다는 것을	知君小試濟川才
찬 물결을 옆으로 가르며 무지개다리가 넘어간다	橫絶寒流引飛渡
붉은 난간은 빛나 푸른 물에 떨어지고	朱欄光炯搖碧落
빼어난 누각은 물안개를 세 층으로 나눈다	杰閣參差隱層霧

중국 쑤저우 주오정위안 소비홍, 2009(위)
문징밍, 〈졸정원도영〉 소비홍, 1533(아래)

여기 와서 부처처럼 황금조개를 밟으니	我來做佛踏金鼇
원컨대 속세를 떨치고 거문고 높은 소리 따르게 하리	願揮塵世從琴高
달은 조용히 저 멀리 밝고	月明悠悠天萬里
손에 잡은 연꽃이 가을 물결에 비친다	手把芙蕖照秋水

　당시의 소비홍은 지금의 회랑이 아닌 평범한 나무다리로 묘사됐다. 그림에서 은자는 시의 내용으로 볼 때 문징명 자신인 듯하다. 그는 열 차례나 과시에 실패한 끝에 말직에 출사할 수 있었지만, 그것도 잠시, 쑤저우로 귀향한다. 그때의 회한이 시에 담겨 있다. 풍경 묘사는 무지개와 붉은색의 다리 난간, 푸른 물 색, 물안개를 가르는 소비홍의 모습으로 나타난다. 지금의 소비홍은 회랑형 다리로, 물안개 속으로 뻗어 있다.

　시에서는 자연 풍광 요소와 시인의 독백이 서로 교차하면서 소비홍의 시적 풍경이 펼쳐진다. 그림 속의 시는 그림을 보면서 푸른 물과 물안개, 가을 연못에 비친 시인 자신의 쓸쓸한 모습을 읊은 내용이다. 소비홍의 시적 풍경은 바로 이렇게 심상 속에 연출되는 풍경이다. 지금도 이 그림은 중국의 전통 원림 서적에 자주 인용된다. 소비홍 난간에서 양쪽을 바라보면 넓은 물가의 풍경과 마주 보는 대안의 풍경이 동시에 들어온다. 회랑을 걸어가는 동안 순간순간 풍경이 바뀐다. '걸을 때마다 경치가 달라진다步移景異'는 뜻은 동관의 상태에서 풍경을 음미하는 것을 말한다.

해당춘오海棠春塢는 주오정위안 중부의 주요 경구景區 동남쪽 모퉁이에 있다. 넓은 주오정위안 안에서 그냥 지나치기 쉬운 마당이다. 해당춘오, 직역하면 봄날 해당화 피는 담장이다. 해당춘오는 정원庭院(뜰)에 다만 방 두 칸, 잡석 몇 개, 수죽樹竹 몇 그루가 있을 뿐이어서 보잘것없어 보인다. 그러나 그 이미지가 매우 풍부한 원락院落으로서, 이를 하나의 원으로 보아도 무방할 정도다. 이곳은 회화나무 그늘이 드리운 마당에 대나무와 바위만으로 장식돼 있지만, 조용히 바라보면 풍경이 그윽하고 우아할 뿐만 아니라 공간적으로 무한한 정취를 느끼게 된다. 형식은 비록 단정하지만, 공간은 변화가 풍부하며, 매우 높은 예술성을 드러낸다.

해당춘오는 조원 기법으로 볼 때 시적 풍경과 회화적 풍경이 서로 변환되는 과정을 단적으로 보여주는 재미있는 예다. 해당춘오는 작은 마당의 벽 앞에 서 있는 해당화 한 그루, 대나무 두서너 그루와 괴석, 바닥에 그려진 해당화 문양과 해당춘오라는 제명이 전부다. 이곳의 작은 정원은 중국 문인원림에서 나타나는 경물과 풍경 요소가 골고루 갖추어진 관념적 산수화를 표상한다. 벽에 쓰인 '해당춘오'라는 제명은 이 정원이 항상 봄임을

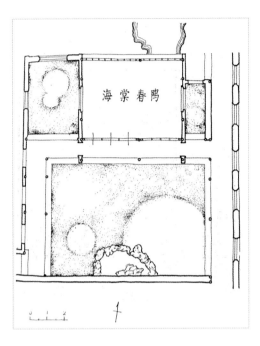

주오정위안 해당춘오 평면도와 조감도

해당춘오의 정원에서 읽을 수 있는 회화적 풍경과 시적 풍경, 문인 산수화를 보고 있다.
이 풍경을 시인은 "해당화는 하루가 느리고 느림에 고마울 뿐(海棠謝時日遲遲)"이라는
시의로 나타냈다.

말해준다. 마당은 경물과 풍경 요소가 골고루 갖추어진 관념적 산수화를 바라보는 듯한 작은 원림이다. 해당화, 대나무 괴석은 실제 입체적으로 배열돼 있으나, 해당춘오라는 제명을 통해 보는 이는 이 장면을 한 폭의 산수화로 인식하게 된다. 3차원의 공간이 평면 그림 속의 관념적 공간으로 바뀌는 대목이다.

  작정자는 시적 풍경을 염두에 두고 마당을 꾸몄으나, 감상자는 이를 하나의 회화적 풍경, 즉 문인화라는 그림으로 인식하게 된다. 보는 이는 해당춘오를 어느 순간 하나의 관념 산수화로 바라본다. 이 과정에서 감상자는 두 풍경을 넘나들며 머나먼 실제의 산수와 눈앞에 전개되는 관념 속의 산수를 동시에 체험하게 된다. 다시 말하면 해당화, 괴석, 대나무라는 눈앞의 실물을 오히려 그림 속의 자연으로 바꾸어 인식하게 되고, 이를 통해 관념 속에만 있던 머나먼 산수가 눈앞의 실물을 통해 구체화된 산수로 인식의 전환이 일어난다는 의미다. 이것이 바로 시적 풍경과 회화적 풍경의 교차다. 그림이라는 2차원 평면 속에서 전개되는 산수가 해당춘오를 매개로 입체적인 산수의 개념으로 바뀌는 것이다. 그런 다음 회랑을 지나 감상자가 소비홍에서 주위 풍경을 감상하게 되면, 보는 이는 눈앞의 산수를 실제의 머나먼 자연으로 확대해 인식하게 된다. 즉 인공적인 가산과 연못을 바라보는 과정에서 가보지 못한 황산 산黃山으로 가는 것이다. 해당춘오의 미적 체험 효과는 여기에 있다.

　시는 그 자체로는 공간적인 경계나 범위가 불분명하지만, 이것이 제명이나 실제 원림 속에서 공간적 맥락이 분명해지면 곧 시적 풍경으로 전환된다. 그림은 속성상 내용이 정태적이나 시적 표현으로 풍경이 생기를 갖게 될 때 회화적 풍경으로 바뀐다. 이렇게 시적 풍경과 회화적 풍경은 상호 독립적이지 않고, 양자를 매개하는 동적 요소에 따라 그 느낌과 심상이 서로 뒤바뀐다. 주오정위안은 규모가 크다고 하나 사가의 원림이기 때문에 황가원림만큼 크지는 않다. 크지 않은 공간에 광활한 자연을 끌어들여 아름다운 풍경을 만들려면 교묘한 조원 기법이 필요하다. 자연산수 위주의 풍경을 만들기보다는 건물과 경물로 어우러지는 시적 풍경을 연출하는 것이 훨씬 용이했을 것이다. 원림에서 주련과 편액의 시나 글귀는 공간의 심미적 체험에 시적 상상을 불러일으킨다. 명청 대에 유행한 '조은朝隱'의 영향으로 주오정위안의 풍경을 틀 짜기 속에서 그림으로 체험하는 회화적 풍경보다 마음으로 읽는 시적 풍경에 치중하게 됐다. 주오정위안은 시적 풍경이 지배적인 원림이다. 졸정원의 원림미는 아름다운 시적 풍경 속에 살아 있다.

담양
소쇄원

고려 후기에 지방 향리 층에서 중앙으로 진출한 신흥사대부는 고려, 조선의 교체 과정에서 입장을 달리하면서 이른바 훈구파 勳舊派와 사림파士林派라는 두 계열로 갈린다. 전자는 정권과 밀착되다 보니 출사 통로인 과거에 관심을 가지게 되고, 성리학적 소양을 갖추고 사람을 정치적 수단으로 이용하려는 태도를 지녔다. 성종, 연산군 초 사림파는 훈구파의 정치적 독주를 막는 정치투쟁을 벌이게 됐다. 인조반정 이후 중앙에서 훈구 세력과 치열한 경쟁을 벌였으나 결국 패배했다. 그 후 입지가 약화되자 낙향해 낙동강 상류 안동과 지리산 일원에 정착하게 된다. 이들은 계곡과 강가에 정자와 정사精舍를 짓고 산수와 전원의 즐거움을 누리면서 아예 과거 시험을 포기하는 처사형處士型 은사 집단을 이루었다. 이에 비해 정치적 기반을 확실히 한 세습 사대부가인 경화사족京華士族은 한양 북촌 등에 생활기반을 형성하다가, 자손이 번창하면서 서울 근교 또는 경기 지역의 낮은 산과 언덕에 별서를 지었다. 때로는 가까운 한강변의 좋은 경승지를 골라 정사를 경영했다.

선비가 관직에서 물러나 칩거하면 '은둔'이고, 세속을 멀리해 별서를 짓고 살면 '복거卜居'라고 한다. 사대부가 벼슬을 할 때는 서울에 머물고 퇴관 시에는 별서로 돌아가는 것이 당시 상례였다.

사대부나 선비의 사제私弟, 서재書齋를 이르는 말 중 가장 흔한 명칭은 별업別業, 별서, 정사, 암庵 등이다. 별서는 본래 주거주 건물, 즉 본제本第와 구분되는 건물을 의미하는 말이다.

정선, 〈계상정거溪上靜居〉, 1746, 개인 소장

건물에 부속된 농경지가 있기 때문에 대체로 휴양 혹은 접객의 장소로, 일종의 별장으로 사용된다. 지인 간의 교류 장소, 선영으로도 사용됐고, 일시적 퇴거처이자 생활공간으로도 활용됐다. 별서에는 경작을 담당하는 노비와 관리인이 있었다.

16세기에 네 차례의 사화를 겪으면서 특히 영남의 유학자는 사유 토지를 기반으로 자신들의 장원에 자기 수양을 위한 공간을 조성하게 된다. 산수시를 심화하고 유산록遊山錄을 활발히 창작하며, 동시에 전장田庄을 중심으로 소유지 주변의 승경勝景을 글과 그림으로 기록하기 시작한다. 별서의 조성과 유지에 중요한 원기園記와 별서도別墅圖에는 대체로 별서를 짓거나 찾아가서 풍류를 즐기는 과정을 기술했다. 그림은 그러한 분위기를 그렸고, 그 표현 뒤에는 귀거래 정신과 은거라는 삶의 태도가 배어 있다. 이를 통해 별서의 풍경을 짐작하는 일은 그리 어렵지 않다. 귀거래라는 생활태도, 시와 그림으로 풍류를 즐기는 은사의 삶, 목판으로 보는 별서의 회화적 풍경, 이 모두가 소쇄원을 읽기 위한 기본적인 해석의 열쇠다. 담양 소쇄원 연못에는 조선 중기의 사회상, 은사 생활과 별서의 모든 것이 그림자가 돼 비치고 있다.

소쇄옹瀟灑翁 양산보梁山甫 일가와 소쇄원을 지나간 시인묵객은 소쇄원을 바라보며 마음속에 역시 무릉도원을 상상했다. 시인은 소쇄원을 도원桃源이라 표현했고, 양산보 일가는 소쇄원 조영 시 이를 그대로 실현하려 했다. 양산보는 조선 중기의 처사였다. 그는 스승 정암靜庵 조광조趙光祖의 비참한 끝을 지켜본 후 일찌감치 중앙 관료가 되겠다는 꿈을 접고 귀향해 어릴 때 봐둔 지석동에 은거한다.

소쇄원은 3대에 걸쳐 조성한 별서다. 처음에는 소쇄정瀟灑亭(지금의 대봉대待鳳臺)이라 불리는 작은 정자에서 시작했다. 약 500년 전 그때가 대략 1520년경이다. 먼저 제월당霽月堂을 짓고, 그다음에 광풍각光風閣을 조성한다. 이어 두 아들이 광풍각 옆에 고암정사鼓巖精舍와 부훤당負暄堂을 짓고 후진을 양성하며 칩거한다. 실제로 소쇄원은 손자 양천운梁千運 대에 가서야 완성된다. 소쇄원은 양산보의 외형外兄인 면앙정俛仰亭 송순宋純과 당시 담양부사였던 석천石川 임억령林億齡, 하서河西 김인후金麟厚 등의 후원으로 제 모습을 갖추게 됐다. 소쇄원은 처사 양산보가 귀거래를 실천한 곳이고, 그 이상을 도원경桃源境에 두고 이를 공간에 실현하려고 한 원정이다. 후손에게 소쇄원을 그대로 지키라는 그의 뜻과 김인후의 〈소쇄원 48영瀟灑園四十八詠〉 그리고 200년 후인 1775년에 제작된 목판본 〈소쇄원도瀟灑園圖〉가 있어 오늘날까지 그 형상이 그대로 보존되고 있다. 소쇄원은 한국에서 자랑할 만한 매우 귀중한 고전 원정이다.

양산보가 평소 흠모했던 인물로는 〈애련설愛蓮說〉로 알려진

주돈이周惇頤와 〈귀거래사〉의 도연명이 있다. 이들의 생각이 곧 소쇄원 조영에 참고가 됐음은 극히 자연스러운 일이다. 같은 시대에 유학자로 친교가 깊었던 송순과 김인후는 소쇄원 조영에 구체적으로 영향을 미친 인물이다. 이들은 여러 시문을 통해 소쇄원의 아름다움을 표현했는데, 소쇄원에 대한 그들의 그림, 시, 경물의 내용은 모두 도원경과 깊은 관련이 있다. 신선이 사는 세계, 즉 선계라는 이미지는 소쇄원을 찾은 수많은 시인묵객이 느낀 공통된 풍경이다. 시에서는 '별유천지'를 선계라는 뜻으로 같이 사용한다. 김인후의 〈소쇄원 48영〉에서는 소쇄원을 선계로 인식하는 대목이 많이 나온다.

〈부산오암負山鼇巖〉

등 뒤에 여러 겹의 청산이요

고개 돌리면 흐르는 푸른 옥이라

이 나이에 어찌 기쁜 일이 없으리

매대梅臺와 광풍각이 신선 세계야

〈탑암정좌榻巖靜坐〉

벼랑에 매달리듯 오래 앉아 있으니

말끔히 씻어주는 냇바람 있어

무릎 아래가 무너진다 해도 겁나지 않아

이것이 바로 신선의 즐김인 것을

〈학저면압鶴底眠鴨〉

하늘은 신선의 계교와 부합하고

맑고 시원한 한 줄기 산골 도랑

하류에서 서로 섞여 흐르네

오리는 타고난 대로 한가히 존다

〈도오춘효桃塢春曉〉

복숭아꽃 언덕에 새봄이 찾아오니

탐스러운 꽃 새벽안개에 깔려 있도다

바윗골 속에 취해 있으니

무릉의 시내를 건너는 것 같아

〈동대하음桐臺夏陰〉

산언덕에 묵은 줄기가 이어

비와 이슬에 무성히 자랐다

순임금 때의 해가 천고千古를 밝히니

남녘 바람 지금까지 불어오누나

신선과 그대는 서로 사귀는 듯해

그 모습 아름다워 옷깃이 여며지네

— 고경명

모든 친구 찾아오니 천하의 선비들

여러 신선 해중의 영주산에서 온 듯싶어

— 조경망

하늘은 바위 쪼아 동구洞口를 장식했고

사람은 방소를 파 영주를 모방했네

— 정광연

옛날 내가 암반을 올라갔을 때

방장산方丈山 봉래산蓬萊山을 손으로 가리켰지

— 박광일

어렴풋이 일월은 호중壺中의 경계요

연하烟霞는 바다 위의 영주瀛州와 방불彷彿하다

— 이후원

선원仙園이 이미 새로 조성됐는데

좋은 시를 보내준 게 뜻이 있으리

— 박광일

선장仙莊의 물색物色 생각은 금할 수 없으니

밝은 달에 도롱이 피리 소리 분명했다

— 이한정

소쇄한 선원仙園이 좋아서

이름을 듣고 일찍 마음에 두었다

— 현징

이렇게 시인은 직관으로 소쇄원을 선계로 보았다. 시인묵객은 소쇄원의 풍경에서 주제를 '무릉도원', '별유천지', '선계'로 인식했다. 그러나 그들의 시에서는 다만 이곳이 선계와 같다는 표현을 했을 뿐, 그 어디에도 선계의 모습을 구체적으로 그리거나 전체적으로 그려내지는 않는다. 그냥 각자 마음속에 선계를 그리고 상상하게 만들 뿐. 실제 그림은 없다. 단지 시인은 선계로 가는 길목을 안내할 뿐이다. 시인은 소쇄원을 선계로 인식하면서도 무릉도원이라는 개념을 빌려온 것이다. 옛 선조는 닮을 수 없는 무릉도원보다 현실에서 도원경을 찾으려 했다. 소쇄원의 시에서도 이러한 태도가 자주 표현된다.

감상자는 시 속의 화자를 따라가면서 각기 상상의 세계에서 선계의 모습을 그린다. 그러나 현실의 공간과 장소에서 시를 음미하게 되면 시는 그 의미가 다르게 다가온다. 무더운 한여름 소쇄원 광풍각에서 계류의 폭포 소리를 들으면서 다정한 벗과 술잔을 나누며 시흥이 도도한 나머지 시 한 수를 낭독하는 경우, 직접 체험한 사람만이 공유할 수 있는 독특한 시적 감흥이 일어난다. 소쇄원을 직접 걸으면서 앞의 시를 음미한다면 그때의 시정詩情과 시의詩意는 글로 읽는 때와는 사뭇 다르게 전달될 것이다. 또 같은 시를 다른 계절에 다른 장소에서 읽을 때도 전혀 다른 시적 상상을 경험하게 된다.

시에서 그 아무리 정교한 표현을 한다 해도 어느 한 순간 느끼는 그곳에서의 체험보다 더 강렬할 수는 없다.

시는 '애매모호한' 표현을 통해 시적 상상을 불러오기도 한다. 그 대표적인 예가 같은 뜻으로 다른 단어를 사용하는 것이다. '선계'의 뜻으로는 '단구丹丘', '호중壺中', '도원' 등이 있는데, 사람에 따라 같은 의미의 다른 단어를 사용한다. 소쇄원의 시에서는 '소쇄원'을 '지석支石', '동중洞中', '평천平泉', '정대亭臺', '옥동玉洞', '명원名園', '선원仙園', '양원梁園', '동원東園',

소쇄원의 중심 소쇄정, 지금은 대봉대라고 한다.
선계를 표상하는 좋은 예다. 2010

'영하嶺下' 등 여러 이름으로 표현한다. 이렇게 다른 명칭을 쓰는 것은 그 뜻을 정확히 알지 못하면서도 이해해야 하는, 즉 애매모호함을 통해 시의 의미 전달을 오히려 풍부하게 하는 효과가 있기 때문이다. 그러나 일단 의미의 맥락을 알고 시를 감상하게 되면 그 감흥은 더 넓고 깊은 맛을 더하게 된다.

이는 한편으로 당시 문인끼리 공유하던 일종의 현학적 태도이기도 했다. 〈소쇄원도〉 목판본에는 풍경을 서술한 김인후의 시가 쓰여 있는데, 소쇄원의 모든 건물과 경물이 묘사돼 있다. '도圖'라고 해서 그림이라고 하지만, 엄밀히 말하면 도형 drawing, 설계 개념 그리고 중요 경물의 위치와 시적 표현이 섞여 있는 것이다. 동양의 산수화나 유거도幽居圖에서는 대체로 공간의 분위기를 멋있게 나타낸다. 그러나 현대의 조원 설계 관점에서 보면, 꽃나무나 건물 그리고 경물의 규모와 위치가 정확하지 않다.

〈소쇄원도〉는 보통의 산수화라기보다 설계도에 가깝다. 소쇄원의 공간 구성이나 식물, 건물, 경물이 비교적 상세하게 그려져 있다. 소쇄원이 약 500년 동안 변하지 않고 전해오는 것은 아마도 이 〈소쇄원도〉와 풍경을 자세히 서술한 시문 때문이 아닐까. 목판은 칼로 나무를 파서 만들기 때문에 선이 투박하게 표현된다. 이 때문에 목판화는 투박한 선의 아름다움을 자랑하

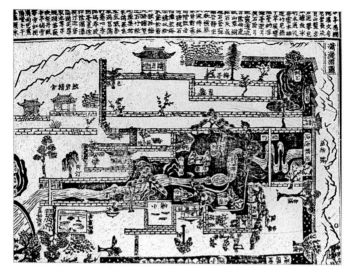

〈소쇄원도〉, 1775.
탁본해 주고받은 대목이 시문에 나온다.
"그대 선원先園의 그림 얻으니, 원림의 면면이 같아 보이네.
단壇 가의 매화는 빨갛게 벌어지고, 물가의 버들은 파랗게 부풀었네…."
(배대우裵大遇, 양내숙梁來淑의 〈소쇄원도〉의 시를 차운次韻하다. 1672)

는 그림이다. 〈소쇄원도〉를 보면 가운데에 힘찬 계류가 표현돼 있는데, 목판의 아름다움이 그대로 드러난다. 그림에는 소쇄원에서 중요하다고 생각하는 풍경 요소가 골고루 나타난다. 소나무나 배롱나무, 살구나무, 매화나무도 분명히 구별할 수 있다. 축대의 단이나 광풍각, 제월당 고암정사, 부훤당, 소쇄정 같은 건물도 그 형태가 또렷이 구별된다. 이렇게 실제 모습을 자세히 묘사하면서, 한편으로 판화에서 느낄 수 있는 거칠지만 힘차고 담백한 선의 아름다움도 그대로 드러냈다. 이러한 목판의 질감은 실제 소쇄원의 여러 경물에서도 그대로 나타난다. 거칠지만 소박한 담장의 재료 처리, 계단의 형태와 재료 다듬기, 축대와 방지에는 단아한 한국적 아름다움이 흠뻑 묻어 있다.

〈소쇄원도〉에서는 가운데 계류를 놓고, 두 방향에서 그림을 그렸다. 즉 소쇄원의 회화적 풍경을 가장 확실히 감상할 수 있는 각도에서 대상을 표현했다. 소쇄정에서 바라보는 광풍각, 제월당의 모습은 풍경 속에 비록 사람이 없더라도 바로 은자의 생활 모습임을 상징적으로 보여준다. 이런 풍경은 소쇄정에서 전경全景을 약간 비스듬히 내려다보는 구도로 펼쳐진다. 한편 광풍각에서 소쇄정을 바라볼 때는 오동나무, 노송, 살구나무, 복숭아나무를 배경으로 초정을 올려다보게 된다. 광풍각에서 폭포 소리와 계류의 물안개 너머 소쇄정을 바라보는 풍경이 평소 양산보가 꿈꾸던 선경이 아니었을까, 하는 상상을 해본다. 계류를 중심으로 선계와 세속을 넘나든다는 공간 구조는 매우 상징적인 의미가 있다. 소쇄원은 선계와 속계를 두 다리로 건너게 된다. 이 점이 원정 공간 구성에서 매우 독특한 사고방식이라 할 것이다. 중국과 일본에서는 선과 속의 개념을 이렇게 분명하고 쉽게 표현한 예를 찾아보기 힘들다. 소쇄원의 자랑은 개념과 실제의 공간을 명확하게, 시각적으로 그리고 상징적으로 표상했다는 데 있다.

〈소쇄원도〉는 특이하게도 그림 상단에 하서 김인후의 〈소쇄원 48영〉을 그대로 써놓았다. 목판에는 시제만 있고 시문 전체는 김인후의 문집에 수록돼 있다. 일종의 제화시로, 소쇄원의 사계절 풍경을 그림 대신 생생하게 묘사했다. 이 그림과 시에서 묘사한 풍경을 그 장소에 직접 가서 상상하면 소쇄원의 진경을 맛볼 수 있다. 소쇄원을 방문한 여러 문인이 남긴 당시의 시문 속에는 소쇄원의 아름다운 풍경을 느낀 순간의 정감이 잘 표현돼 있다. 가장 상세한 표현은 역시 하서의 〈소쇄원 48영〉에 나타난다.[13]

하나의 풍경 요소를 다양하게 체험하는 효과적인 방법은 대상을 여러 각도에서 바라보는 것이다. 절해고도의 명승지나 거대한 폭포, 명산을 탐방할 때 흔히 쓰는 방식이다. 소쇄원은 좁은 공간에서 다양한 원림미를 체험하기 위해 계류를 돌아가며 주위 풍광을 두루 감상하도록 동선이 짜여 있다. 반면에 중국 원림은 원지園池가 매우 커서 주위를 돌다 보면 곳곳에 쉬는 정자가 있다. 그곳에서 틀 짜기가 돼 있는 회화적 풍경을 감상한다. 주로 대안의 풍경이 한눈에 들어온다. 소쇄원은 계류가 바로 원지 역할을 한다. 계류가 대경의 깊이를 깊게 해 공간감을

안팎의 경계가 바뀌는 ①담장과 ②계단 비구飛溝,
③단풍대丹楓臺 ④오곡문五曲門 터.
담장과 축대 등 상세한 부분에서 원정의 단아함, 소박함,
무심한 절제의 아름다움이 묻어난다.

확대한다. 광풍각에서 바라볼 때는 석가산이나 비구飛溝 그리고 소쇄정, 물레방아, 대나무 숲이 한눈에 들어온다. 반대로 소쇄정에서 바라보면 광풍제월과 계류의 폭포, 매대, 복숭아나무, 대나무 숲과 다리가 전경이 된다. 이렇게 좁은 공간에서 다양한 풍경을 체험할 수 있다. 이런 풍경을 모두 병풍으로 하고 폭포 소리를 들으면서 넓은 바위에 앉아 건너편 바위에서 들려오는 거문고와 풍악을 술과 함께 즐긴다면 이것이야말로 선계일 것이다. 화가와 시인은 이러한 풍류에 대해 서로 다른 풍경을 묘사했다.

소쇄원을 대상으로 한 시가 많고 그림도 남아 있어, 우리는 시적 풍경과 회화적 풍경이 같은 풍경을 놓고 어떻게 달리 표상되는지 분명히 알 수 있다. 소쇄정에서 사방을 둘러보면 소쇄원의 풍경이 한눈에 들어온다. 비록 광활한 일망무제의 조망은 아니지만, 작은 계곡에 아기자기한 그림 같은 풍경이 계절마다 그대로 살아 있다. 지금도 봄 철쭉, 여름 배롱나무, 가을 단풍, 겨울 소나무 설경은 언제 보아도 한 폭의 그림이다. 그 장소에서 시인은 시로 그때를 읊었으나, 시적 표현에서는 계절을 수시로 넘나든다. 시인은 계절과 경물을 이것저것 묘사하면서 감상자에게 시적 풍경을 상상하게 한다. 한편으로 공간의 이미지를 실제 바라보는 것처럼 인식하지 않고, 개인마다 각각 다르게 구성

〈골짜기 시냇가에 핀 목백일홍(襯澗紫微)〉
세상의 하고한 저 꽃을 보소, 도무지 열흘
가는 향기가 없네
어찌하여 시냇가의 저 백일홍은 백날이나
붉은 꽃을 대하게 하는고

〈흰 눈을 인 붉은 치자(帶雪紅梔)〉
일찍이 여섯 잎 꽃이 피더니 향기가 그득하다
양단들이네 붉은 열매 푸른 잎새 숨어 있더니
맑고 고와 눈서리가 사뿐 앉았네

〈흰 눈을 인 붉은 치자(帶雪紅梔)〉
일찍이 여섯 잎 꽃이 피더니 향기가 그득하다
양단들이네 붉은 열매 푸른 잎새 숨어 있더니
맑고 고와 눈서리가 사뿐 앉았네

하도록 유도한다.

　시적 풍경에서 공간은 문장과 문장 사이, 행간 사이의 '간격'을 통해 그 이미지를 유도한다. 그림에서도 마찬가지로 사물을 사진처럼 정확하게 그리지 않는다. 중요한 시각적 대상을 집중적으로 묘사하되, 그 사이를 띄운다. 비우거나 흐릿하게 그려서 보는 사람을 순간 상상의 세계로 인도한다. 소쇄원의 부분적인 풍경을 그린 그림을 보면, 화가는 공간을 조감하기보다 부분을 '간격과 흐릿한 틈새'로 연결해 전체 이미지와 느낌을 전달하는 경우가 많다. 이때 부분은 물론 화가의 눈으로 선택한 것이다. 사진은 그림이나 시와 달리 시각, 계절, 장소가 고정된다. 그림이나 시에서 사용하는 '애매한 생략과 건너뛰기'는 사진에서는 다른 방법으로 표현된다. 일부 대상을 초점을 흐리게 하거나 부분을 생략하며, 어떤 때는 확대하기도 한다. 이런 수법으로 보는 이의 상상력을 불러일으킨다.

　시와 시적 풍경이 어떻게 변하는지 잘 보여주는 예로 양산보의 5대손인 양경지梁敬之의 시가 있다. 제명은 〈대나무를 쪼개 홈을 만들어 물을 흘리되 백일홍의 가지에 걸쳐서 글방의 섬돌 위에 쏟게 하다(刳竹通流自小塘橫掛百日紅枝注文房階上)〉로, 다소 길다.

소쇄원의 계류와 비구, 2005

대나무대롱을 자미紫微의 가지에 옆으로 걸치고	橫懸竹筧紫微枝
흐르는 물은 나누어서 벼루에 떨군다	分取泉流滴硯池
호사자好事者도 이렇게 하긴 정말 드무니	好事罕能臻此境
붓글씨 따라 동산에 신기함이 나타나리	從教筆苑創新奇

시에서 첫 구절은 회화적 풍경을 보이는 장면이다. 대나무대
롱을 배롱나무 가지 옆으로 걸친다. 이것은 화가가 좋아하는 구
도다. 그런데 대나무대롱에 흘러들어오는 계류를 나누어 벼루
硯池로 보낸다는 시상은 첫 구절의 회화적 풍경에서 시적 풍경

으로 전환되는 대목이다. 즉 벼루에 담긴 먹물을 시인은 그림자가 비치는 하나의 연못으로 생각한다. 묵객에게 흥건한 벼루의 먹물은 곧 세상을 비치는 거울이다. 거기에서 세상사가 모두 그려진다. 시인은 방금 전 흐르는 계류에서 순간 시적 상상을 발휘해 벼루에 물을 떨어뜨리는 풍경으로 바꾼다. 그리고 붓글씨에 따라 그 새로운 모습이 다시 동산에 되비친다는 표현으로, 현실로 되돌아간다.

이렇게 짧은 시에서 현실과 상상의 세계가 서로 교차한다. 시인의 눈과 마음은 눈앞에 보이는 대나무대롱과 배롱나무 그리고 흐르는 물을 통해 동산苑을 바라보는 생각을 새롭게 느끼게 해준다. 시적 풍경과 회화적 풍경이 흐르는 물을 매개로 서로 오간다. 시에서 시적 풍경으로 바뀌는 대목은 흐르는 대롱의 물이 벼루로 갈라져 떨어진다는 장면에 작용하는 '애매한 건너뛰기'에서 기인한다. 회화적 풍경은 물가의 배롱나무에 걸친 대롱이라는 각각의 그림에서 시작해 벼루의 먹물에 머물렀다가 다시 동산으로 돌아오는 의식의 흐름에 따라 자연스럽게 새로 형성되는 마음속의 그림을 말한다. 이렇게 시적 풍경과 회화적 풍경은 각각의 그림에서 새로운 그림으로 전환된다. 이것이 바로 원정에서 체험하는 자연미 혹은 원정미다. 시적 풍경과 회화적 풍경은 원정에서 미적 체험을 위한 기본적인 전제 조건이다.

소쇄원은 시적 풍경과 회화적 풍경을 형성하는 데 필요한 시와 경물이 모두 갖추어져 있다. 한여름의 힘찬 폭포와 끝없이 흐르는 계류, 오동나무에서 홀연히 날아가는 산새, 가슴속까지 시원한 대나무 바람 소리, 적막한 분위기를 깨고 돌아가는 물레방아의 물 튀는 소리, 잔물결을 만드는 연못의 물고기 그리고 흐르는 물에 떨어지는 꽃잎 등이 시적 풍경을 만들어내는 동적인 요소다. 소쇄원은 시각적으로 다양한 층위를 쌓아 만든 아름다운 원정이다.

당초 아무것도 없었을 계곡을 상상해보라. 거기에 사립문을 만들고 담장을 낮게 쌓는다. 작은 연못에 수초와 물고기를 넣는다. 오동나무를 심고, 대를 쌓아 단풍 구경을 한다. 담 벽에는 시를 건다. 다리를 놓아 물을 건너간다. 바깥쪽의 먼 산으로 가려고 협문을 둔다. 이윽고 매화를 심어 이른 봄 맑은 밤에 꽃구경, 달구경을 한다. 낮에는 복숭아나무와 함께 광풍각에서 시를 짓고, 밤에는 제월당에서 살구나무 사이로 달을 보며 글을 읽는다. 대나무 사이로 다리를 건너오는 반가운 손님을 기다린다. 그렇게 한적한 은사의 일상생활이 머릿속에 그려지지 않는가. 이러한 시각적 이미지의 층위가 새롭게 부가됨으로써 소쇄원은 원래의 모습에서 한 발자국 더 무릉도원으로 다가간다. 김인후의 〈소쇄원 48영〉은 이런 회화적 풍경을 시적 풍경으로 바꾸어 말한다. 방문자는 소쇄원에 머무는 동안 순간순간 시적 풍경과 회화적 풍경을 수시로 느끼고 체험한다. 그 속에서 원정의 아름다움이라는 의미를 다시 새겨본다. 소쇄원은 한국인의 마음속에 자리 잡은 선계를 다시 생각하게 하는 아름다운 무릉도원이다.

교토
료안지

료안지龍安寺의 석정石庭은 국제적으로 잘 알려진 일본의 대표적인 가레산스이枯山水 정원이다. 물결치는 모래밭과 바다위에 떠 있는 섬처럼 보이는 돌무더기 열다섯 개가 군도를 형성하듯 놓여 있다. 1450년경에 조성된 료안지는 선원禪院으로, 절은 후지와라가 세웠고 그 후 정원은 후지와라의 분파인 호소카와의 가쓰모토細川勝元가 건립했다. 절의 남쪽에는 광대한 경용지鏡容池가 있고, 주위는 유람식 정원으로 꾸며졌다. 경내 북쪽에는 본당, 불전, 다실 장륙암蔵六庵 등이 있다. 유명한 석정은 본당 남쪽의 흙벽에 둘러싸여 있다. 가로 약 24미터, 세로 약 10미터, 면적 약 240제곱미터의 작은 마당이다.

일본 정원은 중국의 영향을 강하게 받은 면이 있다. 그러나 중국과 달리 바위의 배치, 식물을 경물과 연관시키는 이미지에서 좀 더 상징적이고 비유적인 의미를 부여하는 것이 특징이다.

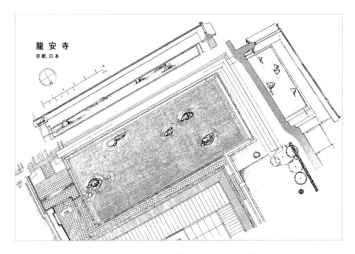

료안지 석정 평면도. 좌향은 동남쪽으로 약간 낮게 기울어져 있다.

또 중국 원림에서 흔히 볼 수 있는 시적 풍경은 좀처럼 직접적인 근거를 찾기 힘들다. 오히려 일본 정원에서는 회화적 구성에서 그 은유적 의미를 각자가 찾아 읽어야 한다. 일본 정원에서는 한국 원정에서 당연히 볼 수 있는 방지를 보기 어렵다. 연못은 자연의 한 부분으로 흘러가는 물을 잠시 가두고 거기에 긴 세월을 느낄 수 있는 이끼와 철쭉, 섬을 생각나게 하는 작은 바위, 그리고 오랜 세월 풍상을 이기고 살아남은 소나무 한 그루로 정원을 완성한다. 일본은 헤이안·가마쿠라 시대 이후 중세 말기에 선종이 융성함에 따라 석정과 같은 일체의 장식적 경물을 극도로 억제한 추상적 이미지를 강조하는 정원이 많이 만들어진다. 형식으로 보면 이것을 선원禪院이라고 한다.

선禪은 종교적 의미보다는 인생 수양의 정신적 소양을 말한다. 그래서 선이란 명상을 통해 정신적 수련을 하는 말로 쓰이기도 한다. 도가 사상에서는 선을 통해 자연 속에서 조용히 소요함으로써 근본적 진리를 얻는다고 한다. 그러므로 장소를 가리지 않고 순간순간 변하는 자연의 현상을 그때그때 깊이 성찰하면서 오직 참선하는 사람의 마음에서 그 근본을 찾으려 한다. 일본의 선승은 돌과 모래로 그 이미지가 추상화된 정원 속의 자연을 통해 직접 자연의 이치를 깨달으려 했다. 참선자는 선사禪寺의 툇마루緣側, 즉 호조方丈에서 자연을 보고 우주의 본체를 생각했다. 중국과 일본에서는 선 사상에 의거해 일상에서도 초월적이고 자유로운 정신세계를 누릴 수 있다고 생각했고, 따라서 은거를 위해 속세를 떠날 필요가 없어지게 됐다. 즉 참선의 공간을 일상적인 삶을 벗어나 둘 필요가 없었다. 여기서 '대은大隱'이나 '조은朝隱'의 개념이 나타나게 된다. 은일은 출사와 배치되는 행위가 아니라, 동시에 가능할 수 있다고 보는 것이다.[14]

일본 정원의 분위기와 배경은 모두 울타리 밖의 풍경에서 시작한다. 밖의 자연을 어떻게 교묘히 끌어오느냐가 과제다. 방

선원의 간결한 추상적 표현이 서양의 관심을 끈다.
일본의 정원문화를 세계에 알리는 대표적인 정원이다.

에서 문을 열고 마당을 바라보면 먼 산이며, 힘찬 해송 몇 그루, 잘 다듬어진 주목朱木에 석등이 원로를 따라 이어진 풍경이 펼쳐진다. 일본인은 철 따라 자연의 색이 변하는 것만 제외하고. 이런 풍경이 시간과 관계없이 영원히 그대로 지켜져야 한다고 생각한다. 일본 정원에서 흔히 나타나는 경물은 실은 먼 곳의 풍경을 실내의 풍경으로 끌어들이기 위해 그 중간 역할을 하도록 교묘히 구성된다. 산과 정원이 직접 연결돼 하나가 되기 위해서는 차경을 하는 원경과 근경 사이에 중경 요소를 두어야 한다. 이끼라든지 석등 같은 경물을 배치해 원근감을 확실히 확보해야 한다. 즉 담장을 둘러친 상태, 돌의 배치, 관목의 손질과

높낮이, 또 정원의 형태가 모두 그 차경을 고려해 일체화되게 조원한다. 일본의 정원은 먼 산이나 항상 변하는 격한 바다 그리고 변치 않는 바위와 노송 같은 대표적인 일본의 자연을(가끔은 일본에서 매우 유명한 풍경을 그대로 축소 복사해서) 마당에 끌어들인다. 그리하여 나와 먼 풍경 사이에 다리를 놓는 중경과 근경을 설정해 경관을 나에게 다가오게 한다.

가레산스이 정원에 나타나는 모래, 바위, 이끼, 소나무 등의 자연 요소는 그 자체보다 그것들이 의미하는 일본 자연의 대표적 상징으로 일본인에게 각인돼 있다. 일본 정원에서는 회화적 풍경이 우선적으로 마당에 연출되는데, 그것조차도 일본 자연의 대표성을 공유하려는 강한 의지의 표현이다. 중국 원림에서 느낄 수 있는 '나만의 세계'보다는 '일본의 산하', '일본의 자연'을 곧바로 인식할 수 있는 '우리 마당'으로 자연을 도입한다. 가레산스이 정원에서는 특히 참선의 시각적 대상으로 격한 바다를 굽이치는 모래밭으로, 수많은 섬은 이끼 붙은 바위 몇 개로, 그리고 거기에 고고히 서 있는 해송 한 그루로 그 모든 것을 표상한다. 이 과정에서 자연 요소는 당연히 축소화하지 않으면 안된다.

일본 조원의 경전인 《사쿠테이키》는 첫째 장에서 조원의 기본은 "돌을 놓는 행위"라고 했다. 자연을 축소할 때 가장 중요한 역할을 하는 것은 돌이다. 돌은 크기와 상관없이 추상적 의미와 구체적 의미를 동시에 느낄 수 있는 소재다. 《사쿠테이키》에서는 대해, 대하, 산하, 늪, 갈대밭 등의 모양을 축소하는 유형에 대해 상세히 언급한다. 즉 땅과 연못의 모양에 따라 각 장소에 맞는 풍정을 구상하고 자연풍광을 연상시켜 이곳이 바로 그 유명한 장소임을 느끼게 하라고 한다. 원문의 내용을 그대로 옮겨보면 이렇다. "여러 지방의 명승을 생각하고 그중 가장 흥미로운 풍경을 내 것으로 가져와 그 대체적인 모양을 현장에 맞게 잘 해석해 정원을 만들라." 이러한 각종 자연 양식을 재현하는 데 가장 중요한 역할을 하는 것이 바로 '돌 놓기'다. 돌의 배치에 따라 바다와 하천, 늪과 산의 형태가 그려진다.[15]

《사쿠테이키》에서는 대해를 재현하려면 "우선 돌이 많은 해변의 이미지를 재창조해야 한다"라고 했다. 그렇게 하려면 파도에 씻긴 해변의 한 지점에서 밖으로 향하듯 돌을 놓아야 한다. 여기에 날카롭고 모가 난 큰 돌과 울퉁불퉁한 작은 돌 몇 개를 더한다. 바닷가 풍광을 완성하기 위해 흰 모래와 해송도 곁들인다. 이렇게 해서 파도치는 해안의 이미지를 만들 수 있다. 돌 몇 개와 모래밭, 해송으로 자연을 단순화하고 축소해 저 격한 큰 바다를 재현하는 것이다. 모래밭의 물결무늬로 파도치는 바다를 표상할 수 있고 때로는 용틀임하는 협곡의 힘찬 강물의

일본 나가노長野 고젠지光前寺 가레산스이 정원, 1999

세기를 느낄 수 있다.

　바위와 해송은 보는 이로 하여금 유구한 세월과 소금기 있는 바닷바람을 연상케 한다. 돌을 어떻게 놓느냐에 따라 파도 소리를 들을 수 있고 바람 소리를 느낄 수 있다. 축경술은 그 과정에서 근본적으로 자연의 형태를 생략하고 단순화해 공간의 추상적 의미를 발생시킨다. 여기서 축경 기법은 자연 요소를 실제보다 작게 '줄이는' 방법과 자연 요소를 생략해 '간소화하는' 방법이 있다. 작게 줄이는 방식으로는 모양이 실제와 유사한 작은 돌을 선택하는 것이 그 예다. 간소화하는 예로는 주변을 철쭉이나 낮은 담장으로 둘러 현란한 꽃나무 사용을 억제하는 것이다. 가레산스이 정원은 이 두 가지 방법이 그대로 나타나는 정원이다. 돌과 모래만으로 자연을 재현한 료안지 석정은 일본 가레산스이 정원의 으뜸이다. 그 형태의 추상성과 축경술의 완벽한 표현으로 이미 세계적으로 일본 정원의 대표적 상징이 되었다.

　료안지 석정은 호조 앞에 있기 때문에 방문자가 마루를 지나면 갑자기 석정의 전경이 눈에 들어온다. 절의 입구에서 안쪽으로 깊이가 없기 때문에 석정은 언제나 갑자기 모습을 드러낸다. 관객은 서 있기도 하고, 앉아 있기도 한다. 웅성거리는 관람객의 물결 앞에, 공간은 적막한 분위기 속에 싸여 있다. 흰 모래밭에 오직 열다섯 개의 돌이 다섯 무리로 나뉘어 뒤 흙벽에 닿

보는 이는 잠깐 동안 선승禪僧의 입장이 되어 사물을 바라보게 된다.

을 듯 배치돼 있다. 오랜 세월 동안 바랜 흙벽의 주황색과 거친 회벽은 정원을 한층 고색창연한 분위기로 이끈다. 흰 모래가 만들어낸 파도 형상의 문양과 돌 무리에 눈길이 간다. 돌의 배치는 기묘하다. 기교 없이 배치됐다고는 생각할 수 없는 놀라움이 밀려온다. 선원에 걸맞게 형태는 간결하고 돌 놓기는 매우 균형 잡혀 있다. 돌의 배치와 이끼, 물결치는 모래밭으로 이 정원은 전체적으로 추상적이고 상징적인 이미지를 던져준다.

예로부터 일본 정원은 연못이 필수적이므로 서원書院에 정원을 만들 경우 전면에 12미터 정도의 모래밭을 만들고, 그보다

남쪽에 연못을 배치한다는 원칙이 있었다. 그러나 잦은 전란으로 마을이 초토화돼 각 사원은 연못을 만들 여유가 없었다. 따라서 전면의 모래밭이 불필요해졌다는 설이 있다. 그 모래밭에 돌을 배치하는, 이른바 가레산스이의 발상은 따지고 보면 수목이나 다수의 암석을 배제하는 것이어서 당시 상황으로 볼 때 경비 절약을 의도한 경제적 조원법이었던 것이다. 그렇다고 해도 석정은 분명 료안지라는 선원의 분위기를 따를 수밖에 없다.

료안지 석정이 주목받는 이유는 형태의 독창성과 탁월한 상징성에 있다. 석정에서 파도치는 문양이 있는 흰 모래밭과 열다섯 개의 돌만 가지고도 '운해雲海에 봉우리가 걸린 산으로도, 해원海原에 떠 있는 섬으로도' 보인다. 즉 석정은 적어도 두 개 이상의 추상적이고 상징적인 정경을 상상할 수 있게 한다. 이 석정은 보는 이의 감성을 '바라보는 것에서 사고하는 것'으로 전환시킨다. 단순하지만 오히려 사람들은 거기에서 무엇인가를 찾으려고 한다. 어떤 사람은 선적인 감동을 찾으려 하고 또 어떤 사람은 한 폭의 추상화라고 생각할 것이다. 달빛 아래 아무도 없는, 해가 막 지려고 하는 회색빛 속의 석정은 매우 아름답다. 동動과 정靜의 미묘한 분배가 회색빛 속에 절묘한 균형을 유지하고 있다.

선원에서 시적 풍경을 말한다는 것은 그 자체로 모순이 있다.

바위와 모래밭으로 일본의 섬과 바다를 추상적으로 표현한 석정.
평온과 좌정 그리고 명상적 분위기가 풍경 전체에 흐르고 있다.

선원에서는 오직 적막한 분위기 속에 좌정해 깊은 명상을 통해 영감을 느낀다. 이때 석정은 그 통로 역할을 한다. 달빛 아래 좌선하는 승려를 그려보라. 거기에는 오직 적막함만 흐른다. 이를 깨뜨리는 것은 대통의 물소리와 목탁 소리뿐. 이러한 공간에 시적 영감을 불러일으키는 것은 새소리와 바람 소리다. 일본 정원에서 시적 풍경은 대부분 회화적 풍경을 통해서 이루어진다. 시적 풍경에서도 행간의 건너뛰기로 시적 상상을 유도하기보다는 관조의 상태에서 가끔 현실로 돌아오게 하는 '자연의 흔들림'으로 상상을 유도한다. 정원의 바위 이끼에 살포시 떨어지는 단풍잎, 조용히 흐르는 개울물에 흩날려 떨어지는 벚꽃잎 등 고요 속에 조용히 움직이는 풍경 요소가 정원의 시적 풍경을 만든다. 일본 정원을 소개하는 다큐멘터리에는 배경음악이 없다. 대신 귀뚜라미 소리나 물소리만 계속해서 들린다.

일본 정원은 자연의 아름다움을 표현한다기보다 이를 보는 정신적 자세나 태도를 강조한다. 일본의 환경 특성상 언제, 어디서 지진이나 해일이 밀어닥칠지 모른다. 일본인에게는 흔들리는 바다가 항상 머릿속에 들어 있다. 바다 풍경을 정원에 간략히 끌어들여 묘사한다는 생각은 지극히 당연한 것이다. 자연은 일본인에게는 거리를 두어야 하는 대상이다. 그래서 자연을 대하는 태도는 지극히 관조적이라 할 수 있다. 정원의 두 풍경은 결국 방에서 틀 짜기 된 풍경으로 인식하게 된다.

일본에서 여백의 미라는 것은 정원이나 벽화나 꽃꽂이 등 각종 디자인에서 공간을 처리하는 기본적인 태도다. 이 여백은 대상과 배경의 관계를 말한다. 일본의 꽃꽂이가 의미 없는 추상미로 배경을 추구하는 것도 지극히 자연스러운 일이다. 자연의 표현에서는 선이 중요한 요소이고, 선의 아름다움을 중시한다. 한국이나 중국에서처럼 회화적 풍경에서 그림과 그림 사이에 '간격이나 회색 지대'를 설정하는 방식과는 다른 점이다.

가레산스이 정원은 추상적이고 간명한 이미지 때문에 일본 전역 어디를 가도 비슷한 형태를 자주 볼 수 있다. 그러다 보니 형태가 천편일률적으로 반복되고 식물 소재도 제한적이어서 새로운 정원을 갈망하는 애호가에게는 다소 식상하기 쉽다. 그래서 세계적인 환경조각가 노구치 이사무野口勇는 일본 정원은 과거의 모방에서 벗어나 새로운 시도를 할 때가 됐다고 말한다. 현대 건축에 걸맞은 정원의 형식을 찾아야 한다는 것이다. 방 안에서 눈으로만 바라보는 평면적 풍경의 아름다움을 추구하는 관조적인 태도에서, 공간의 입체적인 구성미를 추구하는 방향으로 가야 한다고 말이다. 그는 조각가이기 때문에 특히 공간의 입체적 구성을 강조하는 면이 있기는 하지만, 한편으로 이것은 일본 정원이 회화적 풍경을 강조한 나머지 정원미가 평면적인 이미지에 머물고 있음을 말하는 것이다.

지금 동아시아의 원림은 평온, 신선, 귀향, 관조 같은 정신적 행복을 추구하는 전통적 가치의 답습에서 벗어나 소통, 축제, 가족, 판타지라는 새로운 가치관을 추구해야 하는 도전 앞에 직면해 있다. 추구했던 목표가 달라지면, 당연히 인간의 창조적 사고 또한 변하게 돼 있다. 전통적인 형식을 답습하지 않고 새로운 조형의 세계를 찾는 일은 한국, 중국, 일본 세 나라 원림의 문제만이 아니라 전반적인 조형 문화에서 해결해야 할 공통적인 과제다.

축제와
환상정원

축제원과
엑스포

박람회에는 언제나 볼거리가 많다. 그냥 가기만 하면 되는 장터에는 구경꾼이 모여야 분위기가 흥청거린다. 이와 달리 박람회는 요금을 내야 들어갈 수 있다. 그래도 그 안에 들어가면 사람들이 매우 흥청거린다. 무엇을 찾으러 다니기도 하고, 더러는 보기도 하고, 더러는 알려고 한다. 어떤 이는 아이에게 가르치려 한다. 모두가 어떤 형식이든 무슨 의미를 찾으려 서성거린다. 박람회는 글자 그대로 여러 사람에게 널리 보이게 하는 장소다. 구체적으로 한 나라 또는 지역의 문화나 산업 상태를 소개하기 위해 관련된 각종 사물이나 상품을 진열해놓은 곳을 말한다. 영어로 엑서비션exhibition 혹은 엑스포지션exposition이라고 하며, 요즘은 간단히 엑스포EXPO라고 한다.

박람회는 인류의 역사만큼이나 그 역사가 길다. 가장 오래된 기록은 구약성서의 에스더 1장에 나온다. 아하수에로(크세르크세스) 왕이 왕국의 권위와 번영을 과시하기 위해 진귀한 재화를 전시하고 6개월 동안 축제를 열었다고 한다. 이러한 축제는 유럽에서 자본주의가 발달함에 따라 산업과 상업을 진흥시키기 위해 1851년에 개최된 런던 대박람회를 시작으로 본격적으로 나타난다. 1889년 파리 만국박람회 때는 그 유명한 에펠탑이 건설됐다.

오늘날 우리는 호주 시드니에 가서 중국 원림을 볼 수도 있고, 독일의 정원박람회장에서 한국 원정을 감상할 수도 있다. 미국의 공원에서 일본 정원을 쉽게 접할 수도 있으며, 일본의 정원박람회장에서 이탈리아의 포도정원을 알게 되고, 중국의 원림박람회에서 현대판 프랑스 정원의 방향을 느낄 수도 있다. 이렇게 현대의 박람회는 상업적 목적을 넘어 나라별로 '문화 교류와 이해'라는 면이 강하게 부각된다. 비단 정원에 국한된 것이 아니고 산업, 상품, 행사 전반에 걸쳐 문화의 국제 교류라는 추세가 대세다. 국가 간 소통과 이해가 매우 중요한 국제적 관심사인 오늘날 각 나라의 문화적, 인문적 특성과 특질을 이해한다는 것은 단순히 박람회장에서 신기한 이국적 풍물을 구경하는 것 이상으로 큰 의미가 있다.

20세기에 들어서면서 박람회 개최를 위한 각국의 경쟁은 더욱 치열해져, 1928년 '국제박람회조약'이 제정되기까지 하고,

순천만 국제정원박람회, 2013

파리에 사무국도 설치하게 된다. 제2차 세계대전 이후 개최된 박람회는 1958년 벨기에의 브뤼셀 박람회를 위시해서 시애틀 21세기박람회, 뉴욕 세계박람회, 몬트리올 만국박람회, 오사카 만국박람회, 스포캔 만국박람회, 오키나와 국제해양박람회, 필라델피아 독립 200주년 박람회, 녹스빌 '82 세계박람회 등이 있으며, 박람회의 규모와 성격이 점점 다양해지고 있다. 현재 전 세계적으로 약 100가지 유형의 6000여 개의 박람회가 개최된다.

사회가 다양해지고 생활의 관심이 확대되면 될수록 박람회의 내용은 더욱더 다양해지고 풍부해진다. 내용 또한 과거에는 종합박람회가 많았으나 요즘은 전시 품목이 매우 세분화되고, 동일 품목 내에서도 기능별로 전문화되는 추세다. 최근 한국에서도 매우 재미있는 전시회가 속속 등장하고 있다. 보안 엑스포, 교육 엑스포, 기업 연수·포장·패션·보석·제빵 엑스포, 원자력 방사능·호텔 레스토랑·미용·외식산업·원예·가든 엑스포 등 우리 사회의 변화를 조감할 수 있는 전시회가 그런 예다. 여기에 더 나아가 취업·체험학습·결혼·창업 엑스포 같은 신종 박람회도 나타나고 있고, 심지어 귀농·귀촌박람회까지 등장했다. 미래에 대한 희망과 관심은 박람회에서 항상 중요한 주제로 나타나고, 사람들은 여기서 환상과 기대 그리고 앎의 세계를 넓혀

간다. 이렇게 국제박람회에서 일정한 주제를 사용하기 시작한 것은 1933년 마국에서 개최된 시카고 만국박람회 때부터였다.

세계 각국이 이색 정원을 전시하는 정원박람회는 비교적 오랜 역사를 지니고 있다. 1862년 영국 런던에서 열린 '그레이트 스프링 쇼Great Spring Show'를 시작으로 정원박람회는 150년 동안 계속되고 있다. 초창기 영국을 중심으로 프랑스와 독일에서 정원박람회가 인기를 끌었고, 점차 미국과 아시아 지역으로 확산됐다. 영국에서는 단기간에 열리는 '첼시 플라워 쇼Chelsea Flower Show'가 대표적이며, 독일은 2년에 한 번씩 열리는 연방정원박람회BUGA와 10년에 한 번씩 열리는 국제정원박람회IGA가 유명하다. 프랑스가 자랑하는 정원박람회는 1992년부터 개최하는 '쇼몽 가든 페스티벌International Garden Festival of Chaumont sur Loire'이 대표적인 성공 사례다. 관리와 보전이 부실해 황폐화된 '쇼몽 성'이 정원 전시장의 도입으로 국제적인 정원축제장으로 새롭게 태어났다.

한편 네덜란드에는 독일의 국제정원박람회와 유사한 '플로리아드Floriade'가 있다. 통상 5년 이상 준비 기간을 거쳐 10년 단위로 열리는 정원박람회를 계기로 도시 안이나 주변에 새로운 공원과 녹지를 조성한다. 이것은 독일도 마찬가지다. 플로리아드의 기원은 라틴어인 '플로리아트floriat'에서 왔는데, 꽃으로

독일 슈베린 BUGA 축제원, 2013

꾸미기design with flowers라는 뜻이다. 같은 이름으로 호주 캔버라에서도 매년 꽃축제가 열린다. 플로리아드 꽃축제는 캔버라의 벌리그리핀 호수Lake Burley Griffin를 끼고 있는 아름다운 커먼웰스 파크Commonwealth Park에서 개최되며, 매년 약 100만 송이가 넘는 튤립, 백합, 히아신스, 국화 등이 장식되곤 한다.

정원을 좋아하는 영국인에게 플라워 쇼는 연례행사다. 영국왕립원예학회RHS가 매년 4, 5월에 개최하는 첼시 플라워 쇼는 5일간 열리는 단기 행사로, 공원에 가설 전시 공간을 만들어 진행해왔다. 그러다가 1913년부터 첼시 지역에 있는 왕립 병원 정원으로 전시장을 고정해 지금까지 이어지고 있다. 매년 전 세계에서 약 17만 명의 관람객이 쇼를 찾는다. 첼시 플라워 쇼는 정원을 축소해 만든 모델 정원이 최고의 볼거리다. 8×18미터 크기의 모델 정원은 전체적인 조화, 디자인과 건축, 식물, 장식의 네 부문을 평가해 금·은·동메달을 수여한다. 관람객이 몰려들어 행사 진행에 어려움을 겪자 1988년부터는 관람객을 제한한다. 매년 행사 때마다 준비하고 철거하는 비용이 많이 들기는 하나, 관련 산업과 관광산업에 미치는 국가적 파급 효과가 크다는 이점도 있다.

아시아권에서 최초로 개최된 정원박람회는 1990년 일본 오사카 박람회이며, 이후 중국, 태국, 타이완 등지에서도 열렸다.

영국 첼시 플라워 쇼, 2004

한국에서는 2013년 순천만 국제정원박람회가 첫 국제정원박람회이며, 꽃박람회는 2009년 안면도에서 열린 적이 있다. 오사카 박람회에는 2300만 명이 방문했고, 최근 열리기 시작한 중국의 쿤밍 박람회에는 매년 150만 명의 관광객이 찾는다. 전 세계적으로 여가 수요가 증가하고 있고 여행자도 늘어나면서 정원박람회는 각국의 중요한 전략적 산업 진흥 수단으로도 여겨진다.

정원박람회는 각국의 고유한 문화적 전통의 틀 안에서 내용과 주제의 의미를 직간접적으로 투영하므로 전시회에는 어디까지나 그 나라의 현재 관심사인 가치, 소통, 기술과 소재, 때로는 이념 문제까지 기본적으로 담긴다. 예민한 방문자는 이를 통해 그 나라의 사회문화 현상을 이해할 수 있다. 예술가나 디자이너는 박람회를 통해 자연과 소통하는 인간의 미적 의식을 체험하고 새로운 미적 경험을 할 수 있다.

정원의 유형이라는 시각에서 보면, 주제원은 예를 들면 나비원butterfly garden, 약초원herb garden, 성서원bible garden, 달빛정원moon garden, 채소원vegetable garden, 다이애나 비의 아동원Prince Diana's children garden, 모네의 그림정원Monet garden, 붓꽃원Iris garden, 조각원sculpture garden 등 특정 제목을 가지고 그 내용을 담는 정원을 말한다. 주제의 종류만큼 그 형식이 무수히 많고 재현 방식 또한 독특한 것이 특징이다.

그러나 박람회장에 나타나는 주제원의 주제는 개별적인 제목보다 좀 더 추상적이고 가치 지향적인 단어가 많다. 2013년 순천만 국제정원박람회에서는 행복, 상생, 새마을, 인생여행, 환경, 재활용 등의 표제로 정원을 전시했고, 이보다 앞서 2003~2005년 영국 첼시 플라워 쇼에서는 주로 사회문제에 대한 관심을 표현했다. 예를 들어 유기농, 기후변화, 피부암, 노숙자, 구세군, 희망, 먹을거리 같은 주제는 곧 영국 사회가 당면한 사회문제를 직접적으로 표현한 것이다. 이듬해에는 역사문제의 환기라는 관점에서 밀란 전설, 식물사냥꾼 같은 표제가 등장했다. 이런 경향은 그 후 평화, 서식지, 에코, 재생 등과 같이 당면

한 현대 영국 사회의 문제를 인식하기까지에 이른다. 이것은 바로 정원박람회가 단순한 꽃전시회를 넘어 사회문제를 대중에게 직접 환기시키는 하나의 유력한 문화 수단으로 인식된다는 것을 반증하는 것이다. 그래서 정원은 한마디로 그 사회를 비추는 거울이라고 할 수 있다.

축제원은 현대 사회에서 개인이 얻을 수 없는 풍요롭고 실험적인 공간의 자유를 누릴 수 있다는 대리 만족을 준다. 그래서 자세히 보면 자연에 대한 기본적인 태도, 나아가 그 문화 속에 배태된 자연관 내지 당면한 사회의식을 읽을 수 있다. 전시회이기 때문에 새로운 창의적 발상을 거침없이 시도하기도 한다. 또 참여하는 계층이 다수이기 때문에 여러 사람의 생각을 동시에 접할 수 있는 기회가 되기도 한다. 그래서 창의적 가치를 추구하는 디자이너는 박람회장을 중요한 학습장으로 매우 소중히 생각한다.

전시회는 일정한 기간 동안 열리기 때문에 보통의 정원과 달리 임시적, 일시적 환경의 창조라는 제약과 이점이 동시에 있다. 전시 기간은 1년 중 기후가 비교적 좋은 시기를 잡기 때문에 꽃나무가 풍부하게 전시된다. 최근 한국에서 전개되는 축제원과 주제원 전시는 개인적 관심인 행복, 희망, 안전, 가족, 놀이 같은 평범한 일상적 주제에서부터 윤회, 자연과의 조우, 내려놓음, 시

서울장인정원, 서울정원박람회, 2015

적 표제와 같은 주제에 이르기까지 다양하게 꾸며진다.

주제원은 성격상 간단한 구성으로 주제를 표현해야 하기 때문에 대지에 뿌리를 내리고 환경에 적응해 가는 실제의 정원 구성과는 접근 방법이 다르다. 그렇다 하더라도 사람들이 희망하는 개인적 관심과 목표는 나타낼 수 있다. 주제원은 대지의 조건과는 무관하게 그 형식을 전개하기 때문에 공간의 형식이 단편적인 양식이나 패턴을 짜깁기한다는 점이 특징이다. 그곳에서는 차경借景이라든가, 대경對景, 원유園遊 같은 개념은 생각하기 힘들다. 정원의 해설판에도 설명이 길다. 디자인에 대한 구체적인 내용보다 추상적인 표현을 취하는 경우가 대부분이다. 이로 미루어볼 때 중국에 비해 오늘날 한국의 주제원은 좀 더 회화적 풍경을 의도하는 태도가 더 강한 것 같다.

한편 전시 정원은 일종의 모델 원림이므로 주로 정원의 한 단면을 강조해서 보인다. 거기에는 칸막이만 있을 뿐, 실제처럼 담장과 울타리가 정원의 형식을 구속하는 경우는 없다. 주위의 펼쳐진 공간이나 경관 그리고 환경이라는 제약 요소가 없다. 축제원에서 자연을 가두는 방식 중에는 그야말로 물리적으로 울타리를 둘러싸서 경계를 분명히 하는 직접적인 폐쇄형의 모델 전시가 가장 먼저 눈에 띈다. 여기서는 자연의 소재가 무엇이든 관계없이 관찰자는 그저 '가두어진 자연'으로 인식한다. 이런 유형의 정원이 매우 흔한 형태다. 그 경계는 보통 생울타리, 울타리 조각, 유리벽, 유리병 그리고 사진 콜라주 등으로 만든다. 이것들은 공간을 분리하고 그 의미를 재정의하는 역할을 한다.

주제원에서 경계에는 언제나 사람이라는 동적 요소가 개입된다. 사람의 움직임이 없으면 가두어진 자연은 공허한 대상으로 남는다. 그 의미를 상실하게 된다. 가두어진 공간에서 아이는 호기심을 발동시키고, 그것이 충족되면 재미를 만든다. 성인도 유희 본능에 돌입하게 된다. 축제원은 모델 정원이므로 공간의 제약이 있어 상대적으로 공간 체험을 현실처럼 할 수 없다. 모델 정원은 공간 구성이 평면적일 수밖에 없다. 한 방향으로만 보고 감상하도록 전시하기 때문이다. 또 일정 기간에만 전시하기 때문에 계절마다 때때로 바뀌는 자연의 변화는 느끼기가 사실상 어렵다. 이는 영화를 감상하는 상황과 유사하다.

영화에서는 화면 속에 입체적인 삶의 현실이 실감 있게 재현된다. 영화 속을 마치 현실처럼 느끼면서 공간을 체험하고 자연의 아름다움을 느낀다. 그러나 주제원에서는 이것에 제약을 받는다. 다른 방식으로 미의식을 자극해야 한다는 뜻이다. 그리하여 축제원의 모델 정원에서는 여러 배경을 삽입해 전체의 이미지를 보강한다. 주제원에서 주로 사용하는 매체는 사진과 그림이다. 사진이나 그림을 이용하면 계절을 언제든지 원하는 대로 조립할 수 있고, 원하는 장소를 그대로 불러올 수 있다. 이렇듯 사람들이 희망하는 대로 꾸밀 수 있기 때문에 배경은 일종의 환상적인 성격을 띤다. 그곳은 오직 '기억과 회상'이라는 요소만이 자연에 대한 미의식을 자극하는 공간이 된다. 그곳은 결국 아이디어 전시장이다. 그래서 자연에 대한 가치의 도전이 당연히 일어난다. 여기서 체험되는 미의식은 세대를 이어 전승되는 값진 자산이 되기도 한다.

정원박람회에서는 박람회의 기본 주제인 자연과의 관계, 구체적으로 '자연미'를 의식하는 각국의 문화적 태도가 극명하게 드러난다. 정원을 통한 각국의 자연에 대한 문화적 해석이 갈수록 다양해지고 특이해진다. 사람들은 작은 화병 디자인에서 그 나라의 특징을 알게 되고, 자기 나라에서는 볼 수 없는 진기한 꽃과 나무를 보면서 그곳에 대한 지식의 폭을 넓혀간다. 정원의 주제가 전시되는 방식에서 그 나라의 문화적 취향을 보게 되며, 점차 그 나라의 문화, 종교, 정치, 사회에 관심을 갖게 된다. 가고 싶어 하는 마음이 조그만 정원과 꽃을 통해 나타난다.

산업화가 지속될수록, 자연환경에 대한 소통 욕구가 늘어갈수록 인간의 자연에 대한 산업적 수요 역시 늘어간다. 가상공간에 대한 각종 여가 활동이 늘어나면서 가상과 현실 공간의 구별도 점차 흐릿해져 간다.

프랑스 쇼몽 국제정원박람회, 2009
캐나다 몬트리올 정원박람회, 2000
중국 샤먼廈門 국제정원박람회, 2010

이렇듯 자연에 대한 새로운 견해와 인식이 진화하고, 이에 따라 상품화하고 산업화하려는 경향은 피할 수 없는 현대 사회의 변화 추세일 것이다. 자연을 주제로 하는 박람회를 통해 인간 '본성'에 대한 이해의 폭이 넓어지는 과정이 한 개인으로서도 의미가 있다고 사람들이 인식하는 한, 그러한 박람회는 계속 지속되고 확대될 것이 틀림없다. 인간과 자연의 관계는 인류 역사 이래 가장 기본적인 관심사였고, 앞으로도 계속 그러할 것이기 때문이다.

세 나라의
축제원 이야기

동북아시아의 세 나라 한국, 중국, 일본은 비슷한 시기에 국제
정원박람회를 개최한다. 처음 일본 오사카 꽃박람회를 시작으
로 중국 쿤밍, 샤먼, 베이징 등지에서 그리고 2013년 한국에서
순천만 국제정원박람회를 개최해 이들 세 나라가 세계적인 정
원문화축제 대열에 동참하게 됐다. 중국에서는 원림園林으로,
한국에서는 원정園亭 혹은 임천林泉으로, 일본에서는 정원庭園
으로 부른다. 각 나라에서 이렇게 유사한 공간을 달리 부르는
이유는 그 나라의 사회적, 문화적 그리고 환경적 조건이 다르기
때문이다.

중국 원림은 규모가 크고 그 속에 중국의 자연을 그대로 담으
려고 하기 때문에 숲이 기본이 된다. 현지의 명원名園에 가보면
그 의미를 실감할 수 있다. 한국에서는 문헌에 임천이라는 단어
가 가장 빈번하게 나타난다. 원정이라는 단어에는 원園과 정자

를 공간의 중요한 요소로 본다는 뜻이 있다. 한국에서는 정자가 매우 중요한 기능과 역할을 하기 때문에 이 단어는 매우 적확하다고 본다. 일본에서 말하는 정원은 그들 나름의 마당이 위주가 되는 공간이다. 이것 또한 일본의 주거 환경에는 정확한 의미라고 할 수 있다. 명칭은 공간을 지칭하는데, 시대가 변하면 당연히 그 공간의 내용과 형식이 달라지기 때문에 명칭이 지시하는 대상은 변하기 마련이다. 그래서 어느 시기에 이르면 유사한 이름이 나타나고, 여러 경로를 통해 또한 새로운 이름으로 바뀌리라고 예상된다.

세 나라의 정원에 대한 명칭이 다른 만큼 축제원에서 주제와 형식을 전개하는 방식도 각각 다르다. 중국의 축제원은 여러 곳에서 열린다. 국토가 크고 지방마다 가진 문화가 다양하기 때문에 정원문화를 보이는 형식과 내용 또한 다양한 것이 특징이다. 중국의 축제원에 나타나는 원림문화는 중국의 음식문화에 비유해서 말할 수 있는데, 중국 음식이 지방마다 독특하고 여러 재료를 섞어 다양한 요리를 만들어내는 것처럼, 원림박람회장에 가면 그야말로 지방마다 고유한 문화를 과시하려는 태도가 나타난다. 원림의 형식을 그 지방의 고유한 양식으로 선보이기도 하고, 시대마다 달리하는 왕조의 원림문화를 보여주기도 한다.

원림에서 사용하는 소재와 구성 방식 또한 매우 실험적인 면이 엿보인다. 문화자원이 풍부한 중국에서 원림문화의 전시 소재는 한자문화를 바탕으로 한다. 반면에 한국이나 일본은 같은 한자문화권에 있다 하더라도 한자를 강조하는 전시는 상대적으로 적다. 중국의 한자문화라는 전시 주제는 구체적으로 문자의 역사를 말하기도 하고, 한문학 작품을 배경으로 전시하기도 한다. 이런 것은 중국의 한자문화를 알고 있어야 그 진정한 의미를 이해할 수 있다. 바로 이 점 때문에 공간 언어로 말해야 하는 축제원은 세계와 소통하는 단계에서 또 다른 제약이 되기도 한다.

문화자원이 풍부하다고 해도 이를 국제적 소통이 가능한 상징체계로 바꾸는 작업이 지속적으로 뒤따라야 그 자원이 활용될 수 있다. 한자는 글자 자체에 뜻이 있기 때문에 상징으로 전환하기 매우 쉽다. 그러나 글자의 뜻을 알지 못하는 다른 나라 사람에게는 단지 상징일 뿐이다. 쿤밍 박람회에서는 국적원으로 당나라의 원림을 당원唐園이라는 이름으로 전시했다. 벽에는 유명한 시인 왕유의 글이 쓰여 있었으나, 중국 관람객은 거의 쳐다보지도 않고 지나갔다. 이것이 글자의 문제인지, 시의 전시 방식에 문제가 있는 것인지는 알 수 없다. 그러나 이런 방식으로는 중국 대중은 물론이고 여타 세계와 소통하기가 어렵다.

중국 음식과 마찬가지로 중국 원림 전시는 한마디로 '강렬

순천만 국제정원박람회, ①한국·②일본·③중국의 정원, 2013

함'과 '포용성'을 강조하는 디자인이 많다. 차경에 사진을 과감히 도입한다든지, 문자를 조형화한다든지 하는 것에서부터 화려하고 강렬한 색조를 선호하는 벽화의 회화성, 이국적인 식물 소재, 기하학적 패턴 사용 등에 이르기까지 서구적 취향을 과감하게 도입한다. 중국 문화의 개방적 포용성을 보이는 일면이다. 그러나 전반적으로 중국 원림은 당면한 사회, 정치, 문화적 상황이 말해주듯이 아직도 세련된 추상미보다는 역사적 사건과 인물을 중심으로 구성되는 형편이다. 중국 사회가 세계의 중심이라는 중화사상을 원림에서도 강조하는소통하기가 어렵다. 것은 현 시점에서 볼 때 오히려 당연할는지도 모른다.

1990년 개최된 일본의 오사카 꽃박람회는 나라별로 국적원이 조성됐고, 비교적 여러 나라의 정원을 조감할 수 있는 기회를 제공했다. 주제의 전개라는 관점에서 볼 때 유럽 국가의 정원은 실험적인 것이 많고, 이에 반해 중동 국가의 정원은 자국의 정원을 소개하는 데 치중했다. 중국과 한국에 비해 박람회의 개최 시기가 빨라서인지 전시 내용과 형식이 한국이나 중국에 비해 다소 과거의 형식을 답습하는 듯한 느낌이었다. 그만큼 박람회도 유행과 추세가 있어서 한 시점에 고정되면 곧 낡은 것이 되고 만다. 정원 디자인이 어려운 것은 바로 이러한 제약을 극복하는 작품이 돼야 하기 때문이다.

중국 샤먼 국제원림박람회, 2007

당시 국적원에서 돋보인 것은 이탈리아 정원이었다. 이 정원은 이탈리아에서는 볼 수 없는 것이었다. 그만큼 당시로서는 실험적이고 현대적인 감각을 선보였다. 그런가 하면 영국과 프랑스 정원은 그야말로 자국의 고전 형식을 그대로 답습했다. 프랑스 정원은 중국, 한국, 일본에 모두 출품됐으므로 정원의 변모 과정을 비교해볼 수 있는 좋은 기회가 됐다. 일본에 전시된 프랑스 정원은 넓은 마당에 설치된 격자trellis 구조물에 장미를 사용해 매우 고전적인 형태를 보였다. 한편 중국 쿤밍에서 전시된 프랑스 정원에서는 기하학적 평면에 포스트모더니즘 경향의 배치를 보였다. 형태 요소가 해체되고 부분의 강조가 두드러졌다. 프랑스 고전 정원에 기본적으로 나타나는 벽천이나 자수화단刺繡花壇, parterre이 해체돼 일부만 드러났다. 오히려 야생의 맛이 느껴지는 새로운 재식 패턴이 도입됐다. 하지만 이러한 태도는 순천만 국제정원박람회에서 극도의 추상적 형태로 바뀌어 재구성됐다. 공원인지 정원인지 구별하기 힘들 정도였다. 방문객은 세심하게 보지 않으면 그곳이 프랑스 정원인지 알기 힘들다. 이러한 현상은 단지 조원가의 뜻만으로 공간이 조성되지 않기 때문이기도 하다. 전시 공간의 규모, 배정된 시설 투자비, 주체 측의 주문 등 보이지 않는 요소가 작용하기 때문이다.

그 후 최근에 도쿄에서 꽃박람회가 개최됐으나, 규모나 내용

이탈리아 정원, 일본 오사카 꽃박람회, 2001

면에서 주로 화훼박람회로 그 성격을 전환하는 듯한 인상이다. 이 점은 고양국제꽃박람회도 마찬가지다. 정원박람회는 공간 규모가 크고 소요 예산이 많이 투자돼야 하기 때문에 손쉬운 꽃 전시회로 바뀌는 추세다. 전시 주제라는 면에서 볼 때도 정원은 주제 선정과 이를 공간으로 전시하는 전문 기술이 긴요하기 때문에 참여 범위가 대중적인 꽃박람회보다는 그 일정 수준을 유지, 통제하기 어렵다는 이유도 있다. 전시 후에도 이를 유지, 관리해야 하기 때문에 손쉬운 꽃전시회로 방향을 전환하는 것 같다. 그러나 정원박람회는 하나의 예술 활동이며, 그 나라의 문화 수준과 척도를 가늠하는 일종의 결과물이다. 이것은 결국 그 지방, 그 나라의 새로운 문화 자산이 된다.

제일 늦게 시작한 한국의 세계적 수준의 박람회는 순천만 국제정원박람회다. 명칭에서는 정원이라고 했으나, 그 내용이 다양하고 전시 방식도 비교적 현대적 추세를 따른다. 전시 방식도 참여 정원, 국적원, 주제원으로 구분해 시민의 참여를 의식한 점은 새로운 시도로 볼 수 있다. 그러나 형식의 화려함보다는 내용의 전시에서 그만큼 새로운 시도는 상대적으로 보기 어렵다. 규모도 중국이나 일본에 비해 다소 작고, 국제적 관심보다는 결과적으로는 국내적 시각이 더 강조된다. 후발 주자로 시작했기 때문에 박람회의 진행과 프로그램의 운영은 성공적이고 선진적이었다고 자평한다.

전시 내용은 전통과 서양식으로 양분된다. 전통 양식에 대한 집착은 부뚜막정원, 대나무정원으로 표현된 반면, 유럽풍의 원림은 참여 작가원으로 '표류', '인생의 여행'이라는 이름의 현대 영국 정원, 독일의 테라피 정원을 선보였다. 박람회의 모델이 되는 정원은 성격상 개최국의 사회, 환경 문제에 대한 작가의 의식을 드러내는 것이 상례지만, 불행하게도 순천만 국제정원박람회에서는 이에 대한 기억나는 작품이 보이지 않는다. 풍자, 익살, 고발 의식으로 대중과 소통하지 못했다는 점이 가장 아쉬운 점이다.

축제원에서 볼 수 있듯이 양식의 관점에서 볼 때 현대 한국 원정은 다양한 시도를 한다. 자연에 대한 새삼스러운 자기만의 관심에서부터 서양에서 실험되는 형식을 따르는 데까지 여러 형태가 동시에 나타난다. 전통적인 원정의 기본적 조형 요소는 물론 빠지지 않고 언제나 등장한다. 정자, 창호, 대나무, 어린이 놀이기구, 석탑, 하루방 등 그야말로 마당에 늘어놓은 시대의 잡화상이다. 잡화상에 가면 여러 가지 물건이 두서없이 펼쳐져 있어 이것저것 들쳐가며 원하는 물건을 찾는 재미가 있다. 일종의 보물찾기와 같다. 물건이 잘 정리돼 있으면 찾아내는 흥미가 없어진다. 난잡하게 널려 있어야 찬찬히 찾아보는 별난 재미가 있다. 한국 원정에서 자연미는 바로 이러한 상황과 비슷하다. 모든 생각과 시도가 자유롭게 펼쳐진다. 생각과 아이디어의 잡화점이다. 급격한 산업화로 인한 생활의 여유와 개인주의의 발달이 조형감각에도 영향을 미치고 있다. 그 방향은 한동안 시간이 흐른 뒤에야 판단할 수 있을 것이다.

현대 중국의 원림문화는 전통의 지속과 서구 양식의 수용이라는 극단적 양상을 보인다. 역사적 인물의 개인 숭배는 중국 문화에서 빼놓을 수 없는 조형 요소다. 이 주제에 대해 중국인은 아무런 거부감이 없는 것 같다. 다만 문화 자원을 현대적 시

프랑스 정원의 형식 변화
①오사카, 1990, ②쿤밍 원림 엑스포, 2007,
③순천만 국제정원박람회, 2013

각과 감각에 맞게 공간에 표현하는 과정은 아직 실험적이고 서구의 과정을 모사하는 단계에 있다. 이러한 시도는 전통적 고전 원림에서는 전혀 불가능한 일이다. 새로운 공원이나 축제 혹은 국제 행사장에서 '국제적'이라는 이름을 붙여 자연스럽게 시도하고 있다. 전통적인 중국인의 문화적 가치가 현대 사회에 투영되는 원림문화는 아직 시기상조가 아닐까 생각한다. 그러나 중국인이 주변과 외국의 문물을 흡수하는 능력과 속도는 무척 빠르다. 그들이 서양의 원림문화를 어떻게 자기 문화화하는지 지켜보는 것도 흥미로울 것이다.

동아시아 세 나라 중에서 가장 서구화의 길에 앞선 나라가 일본이다. 일본 정원이 서양에 소개된 이후 일본의 문화와 정신을 표방한다는 의미에서 일본 정원은 그 퓨전 스타일이 외국, 특히 공원에 널리 소개되고 있다. 붉은 다리, 일주문, 농가 건축, 더러는 사찰의 형식으로 일본 정원의 개념을 섞어 표현하고 있다.

파리 근교 지베르니에는 프랑스의 인상파 화가 모네가 자기가 그린 그림 그대로 만든 정원이 있다. 그는 그곳에 수련을 많이 심었고, 그 수련을 자주 그렸다. 연못 가운데 초록색 홍교가 있는데, 이곳을 찾은 일본인 관광객은 다리를 건너면서 이구동성으로 "아, 일본교구나!" 하고 놀란다. 하지만 이는 아무런 관련이 없다. 일부를 보고 전체를 일본 정원으로 보려는 일본식 퓨전 사고일 뿐이다. 일본 정원의 현대화에 나타나는 과제는 조형 의식의 자유로운 발상에서 찾아야 할 것이다. 서양의 추세에 빠른 속도로 따라가면서도 아직도 일본의 고유한 문화적 정체성을 일본 정원에서 찾을 수 있다고 보는 것 같다. 시대는 변하고 사람의 생각도 변한다. 그 와중에 문화적 정체성은 서서히 탈바꿈한다.

축제원은 전 세계적으로 매년 어딘가에서 개최되고 있다. 세월과 사회 변화에 따라 축제원의 형식과 내용은 변한다. 축제원의 기본 주제는 자연이다. 그러나 가두어진 자연을 대상으로 단순히 아름다움만을 구경하는 것이 아니다. 패러디, 풍자, 익살 같은 수단을 통해 사회와 인간의 문제에 대해 비판적인 질문을 던진다. 이러한 태도는 미래의 환경이나 공간, 기술의 변화에까지 관심을 확대하게 만든다. 나아가 판타지에 몰두해 그 가능성을 찾으려고도 하게 된다. 판타지의 세계는 상상의 세계다. 현실에서 이루지 못하는 인간의 욕망을 상상을 통해 실현하려는 것이다. 몽환적인 가상세계에 대한 인간의 예술적 시도는 이미 알게 모르게 깊이 그리고 넓게 보편화돼 있다.

자연에 대한 개념을 형성하는 과정을 보면 보통 다음과 같다. 개별적인 자연, 즉 꽃, 대나무, 나비, 안개 등 하나하나의 형상과 특징을 알아가는 동안 그에 대한 지식이 축적되고 종합되면서

프랑스 불로뉴 알베르 칸 뮈제 에 자르댕Albert Kahn Musée et Jardins , 2011

우리는 자연이라는 추상적인 개념을 갖게 된다. 하지만 젊은 계층은 가상현실에서 먼저 자연을 접하는 일이 많기 때문에 정반대의 과정을 겪는다. 추상화된, 의도된 자연의 이미지를 통해 개별 자연 요소를 현실에서 체험하고 알게 되는 것이다. 이들에게 자연의 형상은 개념상 추상화, 일반화된 도형으로 입력돼 있다.

이들에게 개별적인 자연의 아름다움을 느끼게 하려면 또 다른 연결 고리가 필요하다. 즉 판타지 세계에서 현실 세계로의 여행에 개념의 운송수단이 필요하다는 의미다. 그 연결 고리로는 아마도 '이야기 풀기storytelling'가 가장 손쉬운 수단일 것이다. 그러나 실제 축제원에서는 공간과 시간, 주제 전시의 물리적 제약으로 인해 연결 고리를 찾기가 쉽지 않다. 축제원 전시에서 가장 고민스러운 점은 그러한 욕구를 만족시킬 서비스를 제공하기가 어렵다는 데 있다. 요즘은 어린이나 성인이나 이미 판타지 세계에 익숙해져 있고 추상화된 자연 개념으로 무장돼 있다. 따라서 구체적인 자연의 요소를 조합해 만족스러운 상상의 세계로 연결해줄 수단을 찾는 것이 축제원의 당면 과제다. 다시 말하면, 익숙한 판타지 세계의 자연에서 현실 속의 자연으로 돌아올 때 눈앞에 전개되는 자연을 특정한 사고로 바라보게 되는 계기를 마련하는 데에 어떤 '연결 고리'가 필요하다는 뜻이다.

유교, 불교, 도교의 종교적 사상이 융합돼 있는 동양에서는 판타지 세계가 몽환적으로 설정된다. 신선이 사는 도원경이나 동심으로 돌아가는 동화의 세계 그리고 꿈속에서 전개되는 몽상의 나라가 그런 것이다. 한국인의 판타지에는 예외 없이 동화적 요소가 등장한다. 그래서 축제원에서도 어린 시절의 자장가 같은 동화 내용이 빠지지 않고 전시된다. 동양에서는 이상향에 대한 구체적인 형상을 신선이 사는 선계로 인식하는데, 그래서인지 동양 3국의 원림에는 선계에 대한 이미지가 깔려 있다. 한국은 그중에서도 신선 사상에 대한 애착이 가장 강하다. 꿈속에서도, 현실에서도 되돌아가는 상상원은 모두 신선과 관련이 있다. 신선이 사는 곳과 우리가 사는 현실은 좁은 동굴이나 꿈으로 연결된다. 꿈을 깨면 현실이고 꿈속에서는 이상향이라는 구도다. 그림에서는 이상향으로 가기 위해서 먼 길을 가야 한다. 중국의 도원 사상에서는 어렵게 동굴을 지나야 비로소 신선 같은 착한 이들이 사는 도원경에 도달할 수 있다고 한다.

서양의 역사는 기독교 투쟁의 시간인 만큼 그들의 판타지 세계 역시 전쟁, 괴기, 파괴, 공포로 얼룩진 인간 중심의 세계다. 그러나 그 결말은 언제나 인간의 따뜻한 이해와 사랑으로 끝나는 해피엔딩이다. 이 대목에서 자연은 어디까지나 행복, 평안, 풍요 그리고 귀향이라는 인류의 보편적, 상징적 고향으로 인식

전라남도 함평 나비대축제, 2008(위)
마크 해리슨Mark Harrison , 〈드림랜드〉(아래)

된다. 에덴동산에서 쫓겨난 아담과 하와가 돌아가야 할 곳은 다름 아닌 낙원으로서의 정원이다. 그러므로 정원은 서양인에게는 현실에서나 환상에서나 영원한 휴식처이며 돌아가야 할 어머니의 품이다.

판타지 세계는 그 자체로 끝나면 허무한 공상에 불과하다. 이야기 전개가 현실과 가상세계를 수시로 넘나들어야 흥미가 있다. 예외 없이 가상세계와 현실은 그 연결 고리가 구체적인 물상으로 설정된다. 유명한 소설 《반지의 제왕》에서는 모든 이야기의 연결 고리가 반지다. 판타지 영화 〈토르, 어둠의 세계〉에서는 휴대전화가 연결 고리다. 이것이 없으면 가상세계와 현실은 왕복할 수 없다. 이러한 연결 고리는 때로는 나비, 짙은 안개 혹은 어두운 숲으로 등장하며, 이것을 매개로 상상과 현실을 드나들 수 있다. 그럼 축제원에서 상상과 현실을 연결하는 고리는 과연 무엇일까? 가상 자연은 창조적이다. 현실 자연과 병치되면 사람의 인식 속에서 그 경계가 흐릿해지고 무너진다. 즉 판타지로 인해 인간의 의식 속에서 자연을 분리하는 경계가 무너지는 것이다. 결국 세상을 분리하는 경계는 사라지고, 나아가 현실을 가로막는 그 어떤 경계도 궁극적으로 무너진다는 희망을 갖게 한다. 인간의 고통을 치유하는 방식으로 판타지는 실로 무한한 힘을 가진다.

판타지 세계와 축제원의 모델 정원은 공통점이 많다. 주제를 보면 양자는 거의 실현 불가능한 대상을 과감히 다룬다는 점에서 매우 유사하다. 장소나 환경에 비교적 구애받지 않고 주제를 전개한다는 점도 같다. 한편 자연의 설정은 마치 광고 모델처럼 인간의 욕구나 바람을 대리 만족하게 한다. 게임에 친숙한 계층은 현실의 경험보다 가상현실에서 외부 세계를 먼저 체험하는 경우가 대부분이다. 그래서 그들의 눈은 판타지에 더 익숙하게 반응한다. 게임 속 주인공의 이미지에 익숙하고 이야기 전개가 실제 그대로 재현되기를 바라는 세대에게서 미래의 정원이 나가야 할 방향성을 찾을 수 있다.

자연을 대상으로 하는 축제원이 아이러니하게도 사회문제를 주제로 정원을 꾸민다는 것은 매우 흥미로운 현상이다. 정원은 자연을 주 대상으로 삼는 일종의 재현 예술이다. 그 과정에 단순한 반복과 복사를 넘어 자연에 대한 변화된 생각이 반영된다. 주제가 바뀐다는 것은 사회의식이 변한다는 것이고, 자연이라는 미적 대상에 대한 인식이 바뀐다는 것을 의미한다. 다시 말해 주제 변화의 중심에는 먼저 사회문제에 대한 대응이 있게 마련이고, 거기에 미래에 대한 희망과 기대가 반영된다는 것이다. 여기서 판타지 세계가 등장한다. 사회문제를 부각하는 방식으로 패러디, 유머, 풍자, 재치 같은 표현 기법이 동원된다. 물론 주제는 생태, 재활용, 역사, 전쟁, 우주, 재난 같은 것이 대부분이다. 이런 형식의 주제원을 한편으로 '역설 정원contrary garden'이라고 한다. 주제를 역설적으로, 반대로 표현함으로써 그 의미를 더 강조하는 것이다.

환상을 찾는
원의 미래

2000년 캐나다 퀘벡에서 개막한 정원축제에서 매우 재미나는 새로운 정원이 시도됐다. 이른바 '푸른 막대정원blue stick garden'으로 알려진 이 정원은 꽃 대신 플라스틱 막대로 정원을 채웠다. 붉은 막대의 뒷면에 푸른색을 칠해서 보는 각도에 따라 색깔이 달라지도록 연출했다. 당시 비평가는 이를 두고 정원이라기보다 하나의 '설치미술' 혹은 '디지털 출력'이라고 했다. 그러나 작가는 기존 정원의 내용 및 형식과 전혀 다르지 않다고 항변했다. 정원의 이미지 창출이 과거의 인상파적 표현에서 이제는 전자 출력의 양식으로 바뀌었을 뿐이라고 말이다. 이는 우리 인식이 이제 서서히 자연을 소극적 관조의 대상에서 적극적이고 창조적인 변환의 대상으로 보고 있음을 시사한다.

예술이 사회의 변화와 직간접적으로 관련되듯이, 원문화 또한 예술의 변화 추세에 크게 영향을 받는다. 회화는 정원예술에 직접적으로 영향을 주는 장르다. 동아시아 세 나라의 원문화가 동양 산수화의 전통에 뿌리를 두었듯이, 원문화가 현대의 문학·미술·영화·사진 등의 조형예술에 의해 직접 영향을 받는 것은 피할 수 없는 현상이다. 20세기에 들어 영화와 사진 그리고 조각은 정원예술에 깊이 간여하고 있다. 과거의 정원에서 인간의 요소는 시나 그림을 매개로 하여 그 의미를 찾곤 했다. 그러나 현대의 사진과 영화는 정원에 다른 방식으로 개입한다. 자연을 인간의 관점에서 가두는 형식인 정원은 역시 자연이라는 요소가 지배적인 공간 형태다. 사진은 정원에 사람의 모습을 그대로 삽입한다. 그래서 가두어진 자연 속에 인간의 요소가 그대로

푸른 막대정원, 캐나다 몬트리올 정원박람회, 2000

캐나다 몬트리올 하이브리드 가든Hybrid Garden, 2000

나타난다. 관람객이 아닌 주인공으로서 인간의 모습이 등장한
다. 자연과 인간의 관계라는 정원의 근본 주제가 더욱 선명하게
인식되는 것이다. 결국 과거보다 더 강력하고 효과적인 설명을
하게 된다.

20세기에 들어오면서 조형예술 분야에서는 생각이나 공간의 전통적 형식을 해체하고 재구성하려는 양식의 변화가 나타났다. 포스트모더니즘, 미니멀리즘, 절충주의의 경향이 기존 예술 양식의 대안으로 시도되기 시작했다. 이런 사조는 특히 건축과 미술 분야에서 한동안 유행했다. 예술의 표현 형식은 과거의 그것에서 새로운 형태를 찾는 길로 나아가려는 속성이 있다. 전통적인 예술 사조와 양식에서 그 일부를 떼어내어 새롭게 재조립하는 일은 지극히 자연스럽고 현대 사회의 가치체계와 잘 맞아 떨어진다. 정해진 틀과 양식의 적용에서, 일정한 규범적 테두리에서 벗어나 새로운 법칙으로 현대인에게 매력적인 형식을 조합하려는 시도는 어떻게 보면 자연적인 추세일 것이다. 이러한 시도는 시대를 막론하고 조형예술가가 추구하는 공통적인 태도다. 다만 그 결과가 대중으로부터 어떤 반응을 얻느냐에 따라 양식의 지속 여부가 정해진다. 원문화도 예외가 아니다.

절충주의는 간단히 말하면 퓨전 스타일이다. 현대 사회는 전 세계적으로 가히 퓨전 세상이라고 말해도 지나치지 않을 정도로 문화, 예술, 사회, 과학 등 생활의 모든 분야에서 퓨전이 유행하고 있다. 퓨전은 하나의 생활방식이자 새로운 사고방식이며, 특히 음식·음악·산업·디자인 양식에서 두드러진 특징을 보인다. 이들 분야에서 퓨전은 이미 어느 정도 하나의 양식으로 자리매김하는 과정 중에 있다. 정원에서 자연미를 추구하는 태도, 즉 절충주의적 정원미에 대한 대중적 시도는 특히 동아시아 세 나라 중 한국에서 가장 자유로운 발상을 보인다.

조각은 현대 정원에서 빼놓을 수 없는 경물이다. 꽃나무와 달리 1년 내내 같은 모습을 보인다. 변하는 것은 계절과 자연이다. 그러나 그때마다 조각은 다른 얼굴로 나타난다. 변치 않는 형상과 계절 및 시간에 따라 변하는 모습을 동시에 보이기 때문에 현대 정원에서 정자나 다리 같은 경물만큼 중요한 의미가 있다. 정원에서 조각은 회화적 풍경을 창출하는 데 결정적인 역할을 한다. 회화적 풍경에서 시적 풍경으로 전환되게 하는 데 매우 효과적이다. 이것은 어디까지나 조각이 경물로서 여타의 정원 요소와 어울려 하나의 완전한 풍경을 연출할 때의 이야기다. 지금까지 조각은 정원에서 오브제로서 그 자체의 예술적 가치를 강조해왔고 자연은 항상 그 배경으로만 간주됐다. 조각의 중요성이 지나치게 강조되면 정원은 야외 미술관으로 바뀐다. 하지만 미술관에서는 시적 풍경과 회화적 풍경을 체험하기 어렵다. 정원은 결코 시와 그림을 걸어두는 미술관이 아니다.

동아시아 세 나라에서 현재 진행형인 원문화의 문제는 한자문화의 쇠퇴에서 기인한다. 중국에서도 문자 자체를 간략하게 만든 간체簡体가 이미 보편화돼 있어서 젊은 계층은 과거에 사

경기도 연천군 허브빌리지, 2011

용하던 번체로 된 문헌을 해석하는 데 어려움을 겪는다. 읽기 어려우므로 그 깊은 뜻과 의미를 알기가 점차 어려워진다. 한국과 일본은 더 심하다. 그리고 영어권의 문화적 영향이 전후에 급속하게 진행되면서 한자문화권에서 지속돼왔던 시와 그림 그리고 서예의 예술적 관심이 점차 서양의 예술 사조로 바뀌고 있다.

한국에서 조선시대를 풍미했던 귀거래와 도원경에 대한 향수는 점차 그 의미가 약해지고 있다. 같은 귀향이지만 과거에는 정치적·사회적·제도적 모순에 대한 해결책으로 귀거래를 택한 반면, 지금은 건강·가족·직업·안전·소통 등 새로운 가치에 대한 인간성의 회복이라는 목표에 따라 움직인다. 현대인의 관심은 먼 곳에 있지 않다. 가정, 행복, 안락한 삶, 건강한 생활과 안전한 직업 그리고 치유, 소통 등 지극히 현실적이고 개인적인 목표에 관심을 둔다. 과거 동아시아 세 나라에서 희망했던 무릉도원은 그야말로 꿈속에서나 가능할 뿐, 오늘의 현실에서는 그 의미를 상실해가고 있다.

환상정원에서는 가상현실과 현실의 자연을 동시에 보여준다. 그러나 공간의 맥락이 생략된 자연의 구성이기 때문에 아무래도 조형미를 강조하는 자연이 표현될 수밖에 없다. 마치 시간을 정지시키고 온갖 아름다운 꽃동산을 그리는 동화 같은 그림이다. 여기서는 자연이 배경으로 과장된다. 주된 주제는 역시 사람이다. 환상정원에서 사람은 곧 인간과 사회를 표상하기 때문에 한 개인의 시각은 무시된다. 그 대신 정원을 갖고 싶어 하는 인간의 공통된 욕구를 다양한 방식으로 구현한다.

사진은 환상정원에서 자주 등장하는 매체다. 사진을 정원에 삽입하면 환경과 계절, 장소와 사건을 모두 쉽게 불러올 수 있다. 이때 사진의 내용은 구체적인 형상을 보인다. 그래야만 주제로서의 자연과 대비해서 작가의 메시지가 충분히 전달, 소통되기 때문이다. 배경으로 사진이나 그림을 사용하는 것은 실내에 전시하는 꽃박람회에서 자주 쓰이는 전시 기법이다. 판타지의 일부라 할 수 있다. 판타지 영화에서는 자연을 마음대로 조립한다. 황량한 사막, 거대한 파도를 몰고 오는 태풍, 모든 것을 집어삼키는 불가항력적 지진, 대화재와 같은 거대한 자연은 일상에서는 체험할 수 없다. 하지만 판타지 영화에서는 가능하다. 그리고 이런 자연을 극복하는 일종의 성취감을 느낄 수 있다. 그래서 자연에 대한 추상미가 진화하게 된다. 자연에 대한 미적 체험이 점점 추상미로 변화되는데 현실에서 자연을 체험하는 우리의 감각은 여전히 3차원 세계에 머물러 있다.

현대 정원이 어떤 방향으로 진화할지를 예측하기는 힘들다. 그러나 사회가 변하고 문화적 가치가 변화하는 보편적 추세에 따라 서서히 변할 것은 틀림없다. 그 방향은 정원박람회에서 실마리를 찾을 수 있다. 주제원에서 표방하는 정원의 주제를 보면 과거 전통 원림에서 보이던 귀거래, 무릉도원, 시화서 그리고 자연을 통한 이상의 궁극적 표현은 더 이상 찾아볼 수 없다. 오히려 한 개인의 입장에서 사회를 바라보는 행복, 치유, 풍자, 재치 등에서부터 우주, 전쟁, 공포, 재난, 생태 등과 같은 범지구적 가치를 염두에 두는 다양한 시도를 엿볼 수 있다. 미래의 정원에선 시간과 공간의 제한을 뛰어넘는 환상의 세계가 펼쳐질 것이 분명하다. 현대 사회는 더 이상 계급이나 지식, 부에 의해 정의되는 이상적 가치가 크게 의미 없는 세상이 돼가고 있다.

정원이 자연을 가두고 그 속에서 자연을 다시 생각하는 공간적 장치라는 개념은 아마도 앞으로 변하지 않는다고 전제할 때, 미래의 정원에서 시적 회화적 풍경은 어떻게 전개될 것인지가 곧 미래 정원의 형식과 내용이 될 것이다. 지금의 주제원에서 볼 수 있듯이 현대 정원은 시적 풍경이 결핍돼 있다. 전 세계의 현대 정원에서 이러한 현상은 보편적으로 나타난다. 시가 아니고 제목 위주다. 정원에 다시 시적 풍경을 가져오려면 역설적으로 시가 있어야 한다. 환상 영화에서 대사 설명이 분위기를 만드는 것처럼, 환상정원에서도 시적 대화가 여러 매체를 통해 풍경 속에 전개될 때 비로소 원園이라고 하는 인류의 보편적 안식처가 그대로 살아남을 수 있다. 멀티미디어 수단으로 빛과 소리, 자연의 냄새와 흔들림까지 연출되면서 인간은 또 다른 가상 자연 속에서 환상적인 정원을 가질 수 있게 됐다.

판타지 장르의 본질은 가상현실 속에서 미래 사회에 대한 기대, 희망, 도전 등의 문제를 이야기 풀기로 전개하는 것이다. 우주에 대한 이해의 폭이 넓어지면서 무한한 세계에 대한 인간의 도전은 폭력, 파괴, 전쟁, 선과 악의 극단적 대치, 외계로의 이주, 불가사의한 세계에 대한 신비주의적 태도로 표현된다. 결국 인간의 자연에 대한 가치관이 흔들리게 된다. 가상현실에서 자연은 현실의 자연보다 훨씬 인간 위주로 나타난다. 거기에서는 비록 자연이 웅대한 규모나 재난의 공포, 인간이 어찌할 수 없는 불가항력적 현상으로 이해되더라도 이야기 전개상 어디까지나 극복과 시련의 대상일 뿐, 인간의 손이 미치지 않는 저 너머의 것으로는 존재하지 않는다. 여기서 자연은 맥락으로 주어지는 것이 아니라, 창조적으로 설정된다. 즉 현실이 아니고 조립한다는 의미에서의 자연이다. 판타지에 대한 관심도 각 나라의 문화적 취향과 배경에 따라 다르다.

환상정원에서 회화적 풍경은 주로 그림 속의 그림이라는 '환'을 만드는 데 초점을 맞추게 된다. 현대 정원에서는 풍경화 같은 그림 속의 풍경은 사라져버렸다. 하나의 대표적인 장소나 풍경의 단면을 강조하는 경향이 있다. 그 풍경은 곧 추상화 그대로다. 회화적 풍경은 영화 속의 장면이 대신한다. 물론 환상정원에서 회화적 풍경이 없어진다는 것을 전적으로 의미하지는 않는다. 환상정원에서는 공간적, 시간적 제약을 극복할 수 있기 때문에 자연에 대한 새로운 태도가 이미지에 반영될 수 있다. 황량한 사막의 모래 둔덕, 생생하게 들리는 밀림의 새소리, 생각으로 가능한 기이한 색의 무서운 꽃 그리고 외계인과 로봇, 인간이 환상정원에서는 일상적으로 나타난다. 이들은 오로지 사람의 마음속에서 그려낼 수 있는 환상을 두 풍경으로 재현한 것이다.

영화에서처럼 미래의 정원에서도 어떻게 하면 개인적 환상을 현실로 드나들게 할 수 있을까? 전쟁, 파괴, 쟁탈, 배신과 사랑, 선과 악, 기술과 윤리 같은 주제를 마음껏 가상공간에서 체험하는 젊은 세대에게 한순간 현실로 돌아와 넓은 초원을 풍요로운 낙원으로 바라볼 수 있게 할 방법은 없는가? 어떻게 하면 사람의 마음과 눈을 정원으로 끌어들여 환상의 공간 속 주인공으로 만들 수 있을까? 판타지 세계의 전투, 배신, 파괴, 혼란으로부터 마음을 순화시키는 본성으로 돌아오게 할 기회를 제공한다는 것은 과연 가능한 일일까? 확실히 말할 수 있는 것은 인간이 무한한 소망과 낙원을 기대하는 꿈을 꾸는 한, 어떤 형태로든지 환상의 정원은 존재할 것이라는 사실이다. 그러한 환상정원이 존재하는 한 실제의 원림, 원정, 정원은 늘 새롭게 단장하고 다시 그려진다는 것을 확신할 수 있다. 자연에 대한 인간의 본능적 감성은 변하지 않을 것이기 때문이다.

epilogue

미인을 바라보는 기준은 시대에 따라 다르다. 사물을 바라보는 관념적인 미적 기준은 더더욱 시대마다 다르다. 아름다움에 대한 시각이 시간의 흐름에 따라 달라진다는 뜻이다. 21세기에 들어와 세계적으로 각국의 문화가 서로 충돌하고 섞이는 정도가 역사 이래 가장 심대하다. 건축, 도예, 회화, 음악 등의 분야에서 그러한 경향을 쉽게 볼 수 있다. 원림문화도 예외는 아니어서 중국, 일본, 한국 세 나라 원림의 특징도 확실히 구분되는 것이 아니라, 세 나라의 물리적·문화적 환경의 맥락 속에서 상대적인 독특함 정도의 차이가 있을 뿐이다. 그러므로 한 나라의 원림문화를 독자적, 배타적으로 말하는 것은 동아시아의 원림미를 조감하는 데는 큰 의미가 없다. 상대적으로만 구별할 수 있는 미묘한 형식과 상징의 차이이기 때문이다. 그래도 사람들은 한마디로 그 특징을 말하고 듣기를 원한다. 복잡하고 미묘한 것보다는 간단하고 단순한 표현을 찾기 때문일 것이다.

지금까지 원림미를 판단하는 평론을 들어보면 원림미를 형성하는 원인에 관심을 갖는 경우가 대부분이었다. 그런 견해에서는 공통적으로 종교적 가치관에 주목한다. 동아시아의 원림에 영향을 미치는 기본적인 요소는 종교라는 뜻이다. 즉 중국 원림에는 도가적 생각과 가치관이 가장 강하게 작용했고, 도가 사상을 기초로 일본은 불교, 특히 선교의 영향이 크게 작용했으며, 한국은 그 위에 유가적 가치관이 덧씌워져 발전해왔다는 말이다. 원림을 만들고 감상하는 미적 가치에 도가 사상이 지배적이었다는 것은 의문의 여지가 없다. 그러나 이런 관점은 어디까지나 원림미의 본질에 대한 부분적인 해석에 불과하다.

정원은 실제로 일상생활을 영위하는 공간이다. 그러기에 그림이나 음악, 시와 달리 현실적으로 공간과 시간의 제약을 받는 공간예술이다. 정원에서 체험하는 아름다움에는 장소적 특징과 계절이라는, 즉 공간과 시간이라는 체험의 여과 장치가 반드시 개입된다. 한 나라의 원림미를 말할 때는 항상 다른 지방이나 다른 나라의 그것과 비교해 상대적으로 얼마나 독특하며 독창적인가 하는, 말하자면 시간과 공간의 경계를 넘어 상대적으로 어떻게 특별한 예술적 특징이 돋보이느냐를 말하는 것이 전제돼 있다.

'원'에는 두 개의 얼굴이 있다. 눈앞에 펼쳐지는 아름다운 풍광은 그림 같다는 느낌으로 통하고, 이것은 곧 원림에서 회화적 풍경으로 인식된다. 그런가 하면 어느 순간에는 마음으로 사물을 바라보는 경우가 자주 있는데, 이것이 바로 시적 풍경이다. 원정에서는 이 두 얼굴이 서로 교차한다. 시에서 그림으로, 그림 같은 풍경에서 시적 풍경으로 우리의 체험이 바뀔 때 현실을 뛰어넘어 새로운 상념의 세계, 자기 자신이 새롭게 구축한 관념의 세계로 들어가게 된다. 바로 여기서 정원의 아름다움을 체험한다. 더러는 '환'의 효과를 겪기도 하고, 때로는 환상에 사로잡히기도 한다. 시적 풍경과 회화적 풍경은 원정의 아름다움을 체험하는 하나의 필터로 작용한다. 이를 통해 개인은 자신의 미적 세계를 추구할 수 있고, 새로운 아름다움에 눈을 뜨게 된다. 그러나 시와 그림이 그 자체로 우리 마음속에 끝까지 남지 않듯이, 정원미를 음미하는 과정에서 사람들은 궁극적으로 인간에 대한 생각을 다시 하게 된다. 이것은 예술이 인간에게 주는 정신적 가치와 동일하다.

정원에서 체험하는 자연미는 마치 그림 속의 자연과 같이 사람의 눈과 마음을 통해 재창조된, 자연의 새로운 질서·배열·인상이다. 그 대상은 조그마한 경물에서부터 원림을 구성하는 추상적 생각에 이르기까지 예술가의 손에 의해 다듬어진다. 헤아

려보건대 예술은 인간에게 세상을 달리 바라볼 수 있는 계기를 제공한다. 예술을 통해 우리는 지금까지 알고 보아왔던 세상을 또 다른 시각에서 느끼고 생각하게 된다. 예술가는 끊임없이 우리가 사는 이 세상에 대해 의문을 가지고 새롭고 또 다른 시각으로 표현한다. 원림예술은 자연을 끌어들이는 과정에서 자연미와 형식미를 통해 자연을 새로운 시각으로 바라보게 한다.

원림미, 원정미, 정원미는 글자 그대로 원림에 대한, 원정에 대한, 그리고 정원에 대한 아름다움의 대상을 인식하는 미적 판단이다. 원림을 바라볼 때 어느 순간 다가오는 아름다움은 무엇보다도 아름답게 꾸며진 자연에 대한 새로운 느낌과 인상일 것이다. 원정에서 자연은 그냥 산천에 펼쳐지는 구름과 산과 강과 꽃나무 그대로가 아니다. 오히려 이것들이 장인의 손에 의해 어떻게 달리 아름답게 창조됐는가를 발견하는 데 그 가치가 있다.

원정에서 직접적으로 향수하는 자연미는 소재 그 자체에서 얻을 수 있는 미적 체험이다. 숨 막힐 듯 신비감을 자아내는 꽃, 유구한 시간을 한순간에 체감할 수 있는 바위틈의 이끼, 물감으로는 도저히 그려낼 수 없는 매혹적인 색깔의 단풍, 한순간 몽환 속에 빠지게 하는 꽃잎에 흔들리는 잔물결 등 정원미는 대부분의 자연 소재 그 자체에서 느껴지는 원초적 자연미를 말한다.

소재 면에서 본다면 동아시아의 정원에 나타나는 자연은 지역적으로 큰 차이가 없다. 한·중·일 세 나라는 거의 인접한 지역이기 때문이다. 따라서 세 나라에서 사용하는 원림의 자연 소재, 특히 식물 소재 역시 나라별로 크게 다르지 않다. 세 나라 정원의 자연미를 말할 때 수목을 특별히 언급하지 않는 것은 바로 이런 이유 때문이다. 즉 익숙한 꽃나무이기 때문에 관찰자의 눈에 새롭게 들어오지 않는다. 오히려 그러한 익숙한 자연 소재가 전에는 볼 수 없었던 다른 방식으로 배열돼 특별히 시각적으로 체험될 때 비로소 상대적으로 자연미를 인식하게 된다. 자연 소재를 생활에 사용하는 방식은 나라별로, 시대별로, 그리고 민족의 성향과 기질별로 다양하게 나타난다. 집, 도구, 도자기, 음식 등 다방면에서 그 취향이 달리 전개된다. 정원에서도 예외가 아니다. 《나의 문화유산답사기 일본편 3 교토의 역사》에서 유홍준 교수는 돌을 다루는 자세에서도 한국과 일본의 정원사가 확연히 다른 태도를 보인다는 흥미로운 관찰을 했다.

돌 열 개를 놓으면 일본 정원사는 아홉 개를 반듯이 놓고 나서 한 개를 약간 비스듬히 틀어놓으려고 궁리하는데, 한국 정원사는 아홉 개는 아무렇게 놓고 나서 한 개를 반듯하게 놓으려고 한다.

여기서 돌 열 개를 놓는다는 표현은 돌 아홉 개를 놓는다고

중국 쑤저우 주오정위안
경상북도 의성군 소우당
일본 교토 히카리게이이주쓰엔[光悅藝術林]

해야 옳을 것이다. 동아시아 세 나라에서는 완성, 완결 짓는 수준은 10이 아니고 9라는 숫자로 표현하기 때문이다. 10의 단계는 인간의 수준을 넘는 신의 수준이라고 간주하는 것이다. 따라서 일본에서는 돌 여덟 개를 반듯이 놓고 나서 한 개를 비스듬히 놓게 되는데, 여기서 한 개의 역할은 질서를 의도적으로 깨뜨리는 일종의 '파격'을 의미한다. 이 파격의 미는 예술 전반에 걸쳐 나타나는 공통적인 현상이다. 이에 반해 한국에서는 여덟 개를 아무렇게나 놓는다고 한다. 아무렇게나 놓는 것은 그대로 둔다는 뜻일 것이다. 그런 다음 나머지 한 개를 반듯하게 놓는다. 이것은 일본의 정원사가 반듯하게 놓는 태도와는 사뭇 다르다. 돌을 놓는 방식뿐 아니라 정원을 만드는 태도 전반에서 한국과 일본 두 나라가 확연히 다르다는 흥미로운 지적이라고 본다. 그렇다면 중국은 어떠한가? 아마도 '아홉 개 돌을 예외 없이' 완전히 조원가의 의도대로 놓는다고 할 것이다.

중국의 원림미는 한마디로 '인간의 의지대로 자연을 끌어들이는' 형식에서 느껴지는 아름다움이다. 그러므로 그렇게 원림을 꾸민다. 중국 원림을 둘러보고 나면 마치 하나의 장편소설을 읽고 난 듯한 인상을 받는다. 원로가 구불구불하고 이것저것 많은 경물이 밝았다 어두웠다 하며 나타나는데, 그 속에 담긴 이야기 역시 길고 기복이 심한 구조를 가지고 있다. 중국인은 기질상 담백함보다는 유장함을 선호한다. 사건이 엎치락뒤치락 복잡하게 얽힌 후에 결과에 도달하는 식의 이른바 기교적이고 장식적이며 과장이 많고 기복도 많은 이야기를 좋아한다. 이러한 기질이 원림 구성에도 그대로 나타난다. 자연을 끌어들여서 인간 중심의, 인간을 위한, 인간의 자연을 만들려고 한다. 원림에 산석이 필요하면 작은 돌을 가져와서 쪼아 붙여 큰 돌을 만든다. 그리고 사자석獅子石이라고 이름을 붙인다. 사람이 어찌할 수 없는 거대한 바위 말고는 작은 돌을 모아 큰 조경석을 만들어 배열한다. 극단의 인공적 조형미다.

중국 원림에서는 괴기스러운 분위기가 자주 나타난다. 컴컴한 회색 벽과 진홍색 휘장 그리고 번쩍이는 황금 장식, 서예의 예술적 경지를 함께 보여주는 명시 주련 등. 하지만 그로 인한 시적 풍경의 풍부한 연출은 비록 중국 원림이 인공적인 색채가 강하다고는 하나, 그 나름대로 독특한 성격이 있는 아름다움의 추구이자 표현이다. 괴기하고 환상적이며 몽환적인 풍경은 곧 바로 지적 상상을 불러일으킨다. 적어도 독창성이라는 관점에서는 매우 훌륭한 원림미를 보여준다. 중국 원림에서 우리는 인간이 생각할 수 있는 여러 가지 환상과 이상, 사실과 관념의 폭이 얼마나 넓은지 피부로 느낄 수 있다. 이렇듯 중국의 고전 원림미에는 매우 독자성 있는 원림의 환상적 가치가 많이 담겨 있다.

한편 일본 정원에서는 시간이 정지돼 있다. 한순간의 아름다움을 영원히 지키려 한다. 정원에서 일본인은 언제 급변할지 모르는 천재지변으로부터 마음의 평온과 안정을 찾으려고 한다. 그래서 일본 정원에서는 항상 정적이 흐른다. 조용함보다는 고요함이라 말하는 것이 정확할 것이다. 한국인의 마음속에 역동성이 강하게 내재돼 있듯이, 일본인의 마음속에는 흔들리는 물결을 끊임없이 잠재우려 하는 평정 욕구가 강한 것 같다. 그리하여 그들은 항상 같아지도록 하려 한다. 흩날리는 꽃잎은 지나가는 일시적인 것일 뿐, 늘 푸른 이끼처럼 항상 똑같이 유지돼야 한다는 것이다. 세 나라

를 상대적으로 비교해볼 때 일본 정원의 경물 배치가 가장 기계적인 완성도가 높다. 느슨한 구성이 눈에 띄지 않는다. 일본 정원은 자연을 인간과 대조해서 바라보는 대상으로 생각하는 경향이 있다. 늘 같아야 하는 장면이기에 당연히 회화적인 구성을 강조한다. 한 폭의 그림을 벽에 걸어놓는 것과 흡사하다. 흩날리는 꽃잎도 곧 쓸어버리고 원래대로 모래밭을 고른다. 그래야 정리가 됐다고 생각하는 것이다. 정원의 아름다움은 그야말로 회화적인 아름다움이다. 사진작가는 일본 정원에서 그런 그림 같은 장면을 쉽게 찾아낸다. 그래서 일본 정원이 사진을 통해 서양에 더 널리 알려진 것이 아닐까.

그런데 한국 원정에서는 자연을 어떻게 끌어오는가? 그것은 모두 연못 속에 비친다. 방지方池는 세 나라 가운데 한국 원정에서 유독 눈에 띄는 공간 형식이다. 중국의 거대한 호수 같은 풍경은 한국 원정에서 볼 수 없고 다만 방지로 대신한다. 연못 속에 자연의 모든 풍경이 다 들어 있다. 그 속에 비치는 꽃잎, 달그림자, 흩날리는 눈꽃, 아침 물안개 속 잔물결에 흔들리는 단풍잎에서 자연과 계절을 동시에 느낀다. 자연이 연못의 그림 틀 속으로 들어오면서 보는 이는 구체적 사물과 추상적 자연의 경계를 순간 간단없이 넘나든다.

한국 원정에는 작은 경물이 유난히 많다. 특히 고전 원정에는 대부분 소박하고 질박하고 투박한 느낌을 주는 경물이 장식된다. 돌확, 분재, 작은 폭포, 장식용 취병 등 아기자기한 소품으로 인해 마당에 소박하고 정감 있는 분위기가 흐른다. 일본 정원에서 볼 수 있는 칼 같은 날카로움과 직선은 찾아보기 힘들다. 중국 원림처럼 광대한 규모, 과장됨, 현란함, 괴기함도 피한다. 자연을 구획 짓는 방식이 중국과 확연히 다르다. 한국 원정은 '있는 그대로 안기는' 태도로 자연을 설정한다. 이러한 시각적 경험의 미묘한 차이를 정확히 설명하기란 매우 어렵다.

한마디로 한국의 고전 원정에서는 '질박함'이 공간을 지배한다. 그리하여 단아함, 소박함, 무심함, 무관심, 미완성, 부드러움 속의 단단함, 꽉 짜이지 않은 느슨함, 아담함, 절제와 균형 등 여러 미학자의 표현에서 알 수 있듯이 한국적 '소박한 맛과 은근한 멋'이 그대로 나타난다. 한국 원정은 빛바랜 황토색이라고 할 수 있다. 화강석과 모래 그리고 기댈 수 있는 큰 바위와 물결에 흩날리는 꽃잎을 바라보면서 문득 계절을 따라간다. 미완성의 끝맺음은 여러 곳에서 발견할 수 있다. 한국인은 완성되지 않은, 그런 무심함이 바로 자연스러운 것이라고 생각하는 것이다.

주

1 풍경과 원림

1   조윤경, 〈시적 풍경과 주체의 형성: 쥘 쉬페르비엘의 시를 중심으로〉,
《프랑스문화예술연구》 33, 프랑스문화예술학회, 2010, 489~518쪽.

2   마쓰오 바쇼·요사 부손·고바야시 잇사, 김향 옮김, 《하이쿠와 우키요에, 그리고
에도 시절》, 다빈치, 2006, 54~55쪽.

3   김우창, 《풍경과 마음》, 생각의나무, 2006, 78쪽.

4   박명희, 〈이달 제화시의 형상화 방법〉, 《한국언어문학》 44, 한국언어문학회, 2000,
81~93쪽.

2 미적 체험과 원림미

1   신나경, 〈조수아 레이놀즈의 《미술담화》에 나타난 '자연'과 '상상력'〉, 《미학》 22,
한국미학회, 1997, 88~97쪽.

2   백윤수, 〈원림론에 미친 화론의 영향: 계성의 《원야》를 중심으로〉, 《미학》 41,
한국미학회, 2005, 12~27쪽.

3   백윤수, 위의 논문, 34쪽.

4   Chen Cong Zhou, *On Chinese gardens*, Tongji Univ. press, Shanghai, 1984.

5   우홍, 서성 옮김, 《그림 속의 그림》, 이산, 1999, 111쪽.

6   우홍, 위의 책, 13~16쪽.

7   우홍, 위의 책, 90쪽.

8   백윤수, 앞의 논문, 12~27쪽.

3 세 나라의 원림 이야기

1   김창환, 《도연명의 사상과 문학》, 을유문화사, 2009.

2   이종은, 〈한국 시가와 도가사상〉, 동국대학교 부설 한국문학연구소 엮음, 《한국 문학의 사상적 연구》 상, 태학사, 1981, 141쪽.

3   이종은, 위의 글, 417~424쪽.

4   마노 다카야, 임희선 옮김, 《낙원》, 들녘, 2000.

5   우홍, 김병준 옮김, 《순간과 영원》, 아카넷, 2001, 397~422쪽.

6   홍길주, 이홍식 옮김, 《상상의 정원》, 태학사, 2008, 240~242쪽.

7   서복관, 《중국예술정신》, 타이베이학생서국, 민국 73년, 제8판, 480쪽.

8   심우영, 〈중국의 산수자연시와 원림미학〉, 《중국문학연구》 36, 한국중문학회, 2008, 28~57쪽.

9   엽랑葉朗, 서진희 옮김, 〈중국 예술에 있어서의 의경〉, 서울대학교 미학과 세미나, 1994, 219~230쪽.

10 다치바나노 도시쓰나, 김승윤 옮김, 《사쿠테이키》, 연암서가, 2012, 150쪽.

11 岳毅平, 《中國 古代園林人物硏究》, 三秦出版社, 西安, 2004, 145~161쪽.

12 심우영, 앞의 논문, 28~57쪽.

13 소쇄원시선편찬위원회, 《소쇄원시선》, 광명문화사, 1995.

14 주성옥, 〈선종이 중국의 자연관 형성에 미친 영향〉, 《미학》 41, 한국미학회, 2005, 120~123쪽.

15 다치바나노 도시쓰나, 위의 책, 150쪽.

4 축제와 환상정원

1   유홍준, 《나의 문화유산 답사기 : 일본편》 3, 창비, 2014, 243쪽.

참고 문헌

단행본

Chen Cong Zhou, *On Chinese gardens*, Tongji Univ. press, Shanghai, 1984

가브리엥 반 쥘랑, 변지현 옮김, 《세계의 정원》, 시공사, 1997

김우창, 《풍경과 마음》, 생각의나무, 2006

김창원, 《강호시가의 미학적 탐구》, 보고사, 2004

김창환, 《도연명의 사상과 문학》, 을유문화사, 2009

논장편집부 엮음, 《미학사전》, 논장, 1988

다치바나노 도시쓰나, 김승윤 옮김, 《사쿠테이키》, 연암서가, 2012

동국대학교 부설 한국문학연구소 엮음, 《한국문학의 사상적 연구》 상, 태학사, 1981

동아시아고대학회 엮음, 《동아시아의 공간관》, 경인문화사, 2007

마노 다카야, 임희선 옮김, 《낙원》, 들녘, 2000

마쓰오 바쇼·요사 부손·고바야시 잇사, 김향 옮김, 《하이쿠와 우키요에, 그리고
  에도시절》, 다빈치, 2006

박병원, 《영화영상과 사가의경의 공간글쓰기 연구》, 북경대학교 박사학위논문, 2002.

박희성, 《원림, 경계 없는 자연》, 서울대학교출판문화원, 2011

백기수, 《예술의 사색》, 서울대학교출판부, 1993

서복관, 《중국예술정신》, 타이베이 학생서국, 민국 73년, 제8판

신진숙, 《윤리적인 유혹 아름다움의 윤리》, 푸른사상사, 2010

岳毅平, 《中國 古代園林人物硏究》, 三秦出版社, 2004

우홍, 김병준 옮김, 《순간과 영원》, 아카넷, 2001

우홍, 서성 옮김, 《그림 속의 그림》, 이산, 1999

유홍준, 《나의 문화유산 답사기 : 일본편》 3, 창비, 2014

이어령, 《축소지향의 일본인》, 갑인출판사, 1982

임태승, 《상징과 인상》, 학고방, 2007

장지아지, 심우경 외 옮김, 《중국의 전통조경문화》, 문운당, 2008

조규희, 《조선시대 별서도 연구》, 서울대학교 박사학위논문, 2006

지순임, 《중국화론으로 본 회화미학》, 미술문화, 2005

킴바라 세이고, 민병산 옮김, 《동양의 마음과 그림》, 새문사, 1994

홍길주, 이홍식 옮김, 《상상의 정원》, 태학사, 2008

논문과 자료집

박명희, 〈이달 제화시의 형상화 방법〉, 《한국언어문학》 44, 한국언어문학회, 2000

백영서, 〈아시아미의 개념〉, 《Asian beauty 연구보고서》, Asian beauty 연구기획그룹, 2012

백윤수, 〈원림론에 미친 화론의 영향 : 계성의 《원야》를 중심으로〉, 《미학》 41, 한국미학회, 2005

소쇄원시선편찬위원회, 《소쇄원시선》, 광명문화사, 1995

신나경, 〈조수아 레이놀즈의 《미술담화》에 나타난 '자연'과 '상상력'〉, 《미학》 22, 한국미학회, 1997

심우영, 〈중국의 산수자연시와 원림미학〉, 《중국문학연구》 36, 한국중문학회, 2008

엽랑, 서진희 옮김, 〈중국예술에 있어서의 의경〉, 서울대학교 미학과 세미나, 1994

이종숙, 〈조선시대 귀거래도 연구〉, 서울대학교 석사학위논문, 2002

장경렬, 〈이미지즘의 원리와 '詩畫一如'의 시론 : 정지용과 에즈라 파운드, 그리고 이미지즘〉, 《작가세계》 43, 세계사, 1999

조윤경, 〈시적 풍경과 주체의 형성 : 쥘 쉬페르비엘의 시를 중심으로〉, 《프랑스문화예술연구》 33, 프랑스문화예술학회, 2010

주성옥, 〈선종이 중국의 자연관 형성에 미친 영향〉, 《미학》 41, 한국미학회, 2005

최경환, 〈제화시의 경물 제시방법과 화면상의 형상 1〉, 《서강어문》 11, 서강어문학회, 1995

_____, 〈화면상의 풍경과 시적 풍경의 차이와 근거 : 〈금시당십이경도〉와 〈금시당십이경〉 시의 대비를 중심으로〉, 《한국고전연구》 20, 한국고전연구학회, 2009

사진과 그림 출처

22~23 김영갑갤러리두모악 미술관

59 丁寶聯, 《蘇州園林》, 香港大道有限公社, 1987, 91·96쪽.

168(오른쪽) 陳健行, 《園林詩情》, 江蘇美術出版社, 1992, 37쪽.

178 다치바나노 도시쓰나, 김승윤 옮김, 《사쿠테이키》, 연암서가, 2012, 150쪽.

184 Frances Ya-Sing Tsu, *Landscape design in Chinese gardens*, McGraw-Hill, 1988, pp.144~145.

187 蘇州園林管理局, 《拙政園志稿》, 1986, 圖27.

188 曹仁容, 《苏州园林名胜图》, 古吳軒出版社, 2010, 73쪽.

193 陳健行, 《園林詩情》, 江蘇美術出版社, 1992.

195(아래) 岳毅平, 《中國古代園林人物研究》, 三秦出版社, 2004, 158쪽.

198 장지아지, 심우경 외 옮김, 《중국의 전통조경문화》, 문운당, 2008, 153·155쪽.

226 西川 孟, 《日本の庭園美 : 竜安寺 枯山水の海》, 集英社, 1989, 64쪽.

276(아래) Mark Harrison, Dreamlands, Paper Tiger, Surrey, Great Britain, 1990, p.94-95

280 Lesley Johnstone(ed.), HYBRIDS : Reshaping the contem-porary Gardens in Métis, blueinprint, Vancouver, BC, Canada, 2007, p.34

282 Lesley Johnstone(ed.), HYBRIDS : Reshaping the contemporary Gardens in Métis, blueinprint, Vancouver, BC, Canada, 2007, p.29

박은영 제공

11 / 14 / 28 / 32 / 49 / 50 / 74(좌) / 77 / 78 / 82 / 83(위) / 86 / 88~89 / 97 / 98 / 102~103 / 106 / 109
110 / 115 / 120 / 124~125 / 168(좌) / 172 / 174 / 177 / 182 / 195(위) / 199 / 211 / 216~217 / 221
231 / 233 / 235 / 245 / 248 / 250 / 253 / 257(위, 아래) / 262~263 / 265 / 267 / 270 / 273 / 276(위)
285 / 298